D1866121

Rachel T. Pellman

Tips für Quilter

Rachel T. Pellman

Tips für Quilter

übersetzt aus dem Amerikanischen
von Susanne Mollien

rosenheimer

Inhalt

Was mache ich, wenn ... 7

Stoffe. 9

Vorwaschen von Stoffen 15

Schablonen 17

Markieren des Stoffes 19

Zuschneiden 22

Tips zum Nähen 25

Applizieren 31

Handwerkszeug. 33

Vorbereitungen zum Quilten 39

Quilten. 47

Wunde Finger 51

Fingerhüte und Nähnadeln 53

Welche Farben passen zusammen? 57

Einfaßstreifen 59

Signieren von Quilts 65

Aufbewahren von Quilts 67

Welche Flecken entfernt man wie? 69

Tips, die zwar unüblich sind, aber durchaus wirksam sein können 71

Was mache ich, wenn ...

... ich mir die Finger beim Quilten wundsteche, Blutflecken am Quilt habe, mein Jüngster ausprobiert hat, ob man die schöne Blume auch ausschneiden kann, oder wenn ich mit dem Schrägband nicht so recht um die runde Ecke komme? Am liebsten würde man sich mit Quiltkolleginnen über die kleinen und großen Probleme unterhalten. Leider geht das nicht immer. Auch die Großmütter, Tanten und Nachbarinnen, die aus dem Nähkorb plaudern können, sind eher dünn gesäht. „Tips für Quilter" bietet zwar nicht für alle Fragen Patentrezepte, aber Rachel T. Pellman hat in diesem Buch die speziellen Tricks und Geheimnisse einer Reihe von amerikanischen Quiltern gesammelt. Tips, die eigentlich nur in Quiltgruppen und zum Teil buchstäblich über Generationen weitergegeben wurden.

Ratschläge aus der Praxis, z.B. wie und wann man Stoffe einkauft, wie man sich im Farb-Irrgarten zurechtfindet, sind oft von entscheidender Bedeutung. Auch das Geheimnis der exakt gearbeiteten Ecken und Spitzen hat mehr als eine Lösung!

In diesem Buch geben unsere Quiltschwestern ihre Erfahrungen, Erfolge, aber auch Mißerfolge an uns weiter. Patchwork und Quilten wurde von diesen Frauen beständig weiterentwickelt; neue Werkzeuge, Muster und Arbeitstechniken in die tägliche Arbeit eingebracht.

Profitieren Sie von den Erfahrungen der „Quiltprofis" - dieses Buch hilft Ihnen sicher bei der Lösung vieler Probleme. Vielleicht sehen Sie einige Arbeiten in einem ganz anderen Licht.

Die Illustrationen dieses Buches kommen aus der Quilt-Tradition der Amish, einer streng religiösen Glaubensgemeinschaft im Osten der USA. Ursprünglich stammt diese Gruppe aus der Schweiz, wo sie 1693 von Jacob Ammann gegründet wurde. Sie nehmen die Bibel sehr wörtlich und hatten deshalb mit den weltlichen Autoritäten große Probleme. Zum Beispiel verweigern sie den Dienst an der Waffe, befürworten die Erwachsenentaufe und eine strikte Trennung von Kirche und Staat. Eine lange, blutige Verfolgung begann in allen mitteleuropäischen Ländern, in die sie sich flüchteten. Schließlich wanderten sie in die Neuenglandstaaten im Norden Amerikas aus. Die Patchworkarbeiten schauten sie sich von ihren englischen Nachbarn ab. Ihren strikten Glaubensregeln folgend, konnten sie keine gemusterten Stoffe verwenden. Die Frauen nähten mit den Stoffen, die sie

***Log Cabin** – Courthouse Steps (Blockhausmuster im Treppenstil) • Ca. 1910-1920 • Baumwolle und Wolle • Rebecca Haarer • Sammlung La Grange Co., Indiana • Der Quiltrand besteht aus einem schönen, gequilteten Feder-Design*

hatten: schwarze Stoffe von der Erwachsenenkleidung und leuchtend farbige von Kinderkleidern. Da bildliche Darstellungen untersagt waren, haben Amish Quilts fast nur geometrische Muster. Ihre außergewöhnlichen Farbzusammenstellungen geben diesen Quilts einen ganz besonderen Reiz. Die Frauen haben auch keine Scheu, mit einer anderen Farbe in ähnlichem Farbwert weiterzuarbeiten, wenn ihnen der Stoff ausgegangen ist. Dadurch wirken diese Quilts ungemein lebendig und faszinieren den Betrachter, der immer neue Details entdeckt. Berühmt sind die Amish auch für ihre Quiltkunst. Die kompliziert gequilteten Randstreifen mit ihren verschlungenen Zopfmustern, die Federkränze mit ihren kunstvoll gearbeiteten Details sind einfach atemberaubend.

In den vierziger Jahren dieses Jahrhunderts wurden diese Quilts von professionellen Quiltsammlern entdeckt - weil sie eben ganz anders als die traditionellen amerikanischen Quilts sind. Leider sind damals viele der Amish-Quilts „verschwunden". Neue wurden kaum gemacht; auch für die Amish war es billiger, Betten zu kaufen, als Quilts zu nähen. Eine alte Tradition schien für immer zu verschwinden. Man bemüht sich heutzutage sehr um eine Wiederbelebung, sind doch diese Quilts jetzt richtig modern!

Wir hoffen, unsere kleine Auswahl dieser Meisterwerke gefällt Ihnen so gut wie uns.

Stoffe

Welche Farben, welche Muster?

- Ich bemühe mich um Ausgewogenheit. Weiß, Gelb und extrem kräftige Farben verwende ich gleichmäßig im ganzen Quilt. Auch die Akzentfarbe wird mehrfach eingesetzt, damit sie nicht wie ein „Unfall" wirkt, sondern dem Quilt „Lichter aufsetzt".
- Normalerweise suche ich mir erst einen gemusterten Stoff aus. Davon ausgehend wähle ich kleiner gemusterte Drucke und Unis aus, die zu den Farben dieses Stoffes passen.
- Ich nehme meinen Stoffstapel und trage ihn zum Fenster oder nach draußen. Ich bin überzeugt, daß künstliches Licht die tatsächlichen Farben verändert. Ich habe das durch Versuche und leider auch Irrtümer bei der Farbzusammenstellung gelernt.
- Wenn der Quilt für einen ganz bestimmten Raum gedacht ist, nehme ich kleine Muster von Tapeten, Vorhängen oder Teppichböden mit. Es ist dann einfacher, die passenden Farben zu finden.
- Ich bin immer auf der Suche nach interessanten, unüblichen Stoffmustern. Wenn ich welche finde, kaufe ich mindestens einen Meter.
- Ich vermeide einen schlichten weißen Hintergrundstoff. Eine neutrale, in sich gemusterte Farbe wirkt besser.
- Ich habe immer eine Farbe dabei, die das gewisse Etwas hat, die heraussticht und dem Quilt Pfiff gibt. Farben, die zu gut ineinander übergehen, vermeide ich. Man kann dann nämlich keine Farbe richtig sehen.
- Wenn ich den Basisstoff für einen Quilt aussuche, betrachte ich den Stoff nie isoliert. Ich staple die Ballen, die mir gefallen, und drapiere den Basisstoff darüber. So kann ich gleich sehen, ob er mit allen anderen Stoffen harmoniert und ob der ganze Stapel „paßt".
- Mir gefällt die unterschiedliche Struktur von Musterdrucken. Manchmal verwende ich fünf oder sechs verschiedene Muster einer bestimmten Farbe für ein großes Projekt. Ich glaube, daß der ganze Quilt dadurch lebendiger wirkt, als wenn ich nur ein oder zwei verschiedene Muster genommen hätte. Diese Technik wende ich besonders bei monochromen Arbeiten an, wie zum Beispiel nur mit blauen oder weißen Stoffen.
- Meine interessantesten Quiltblocks sind die, bei denen die Farben nicht bis aufs i-Tüpfelchen koordiniert sind. Ich versuche immer, eine Vielfalt von Mustern und Mustergrößen zu kaufen. Karos und Streifen werden selbstverständlich auch nicht vergessen.

Welche Farben, welche Muster?

- Ich verwende selten, wenn überhaupt, Musterdrucke mit einem weißen Hintergrund. Die Farbe Weiß sticht heraus wie ein weher Finger und verbindet sich schlecht mit anderen Farben. Wenn alle Stoffe in einem Quilt Weiß beinhalten, kann es sicher gut aussehen.
- Ich untersuche die Rückseite der Stoffe. Sie - eine gedämpftere Ausgabe der Vorderseite - ist oft sehr interessant und kann auch als „rechte" Seite benutzt werden.
- Ich versuche immer, die Stoffe in der ungefähren Mengen- und Farbanordnung des fertigen Quilts aufzulegen. Dann schaue ich mir meine Selektion aus verschiedenen Blickwinkeln an.
- Ich beginne mit Stoffen, die ich mag, aber ich experimentiere auch mit Mustern und Farben, die mich nicht so sehr begeistern. Für mich war es der richtige Weg - von einem netten Quilt zu einem außergewöhnlichen Quilt. Manchmal ist es ein winziges Quentchen dieser einen häßlichen Farbe, das meinen Quilt perfekt ergänzt.
- Wenn ich mich für einen gemusterten Stoff entscheide, kneife ich die Augen zusammen und sehe so die dominierende Farbe. Dann kann ich die dazu passenden Stoffe suchen.
- Ein Patchworkmuster oder ein ganz bestimmter Stoff diktieren oft geradezu die Farben eines Quilts. Ich mache meine Quilts nicht, damit sie in ein Zimmer passen. Die Farben in einem Quilt, ähnlich wie in einem Bild, müssen nicht zu einen Raum passen, um zur Geltung zu kommen. Ich gestalte Quilts aus Freude an der künstlerischen Betätigung, nicht um meine Wohnung zu dekorieren.

Stoffqualität

- Um festzustellen, ob der Druck wirklich entlang des Fadenlaufs geht, öffne ich die Stoffbahn. Das ist insbesondere dann wichtig, wenn ich den Stoff in einem langen Streifen als Rand- oder Zwischenstreifen verwenden möchte.
- Ich bitte die Verkäuferin, den Stoff nicht zu reißen, sondern zu schneiden. Reißen verändert den Stoff: Das Gewebe ist nicht mehr so dicht, und Fäden werden gezogen. Bei dunklen Stoffen ist das besonders auffällig.
- Wenn ich meine Hand unter den Stoff lege und sie durchschimmern sehe, ist der Stoff ganz bestimmt zu dünn.
- Wenn ich appliziere, brauche ich einen Stoff, der einen Kniff gut hält. Wenn ich jedoch Patchwork-Arbeiten im Sinn habe, verwende ich weichere Stoffe.

Broken Star *(Durchbrochener Stern) • Ca. 1930 • Baumwolle • 76 x 81 Inch • Ohio • Privatsammlung • Dieses Beispiel beweist einmal mehr die Liebe der Amish-Frauen zum Schönen. Vom Design über das Quilten bis hin zur applizierten Zackenborte ist bei diesem Quilt eine außerordentliche Kunstfertigkeit unübersehbar.*

Stoffqualität

- Ich bevorzuge Stoffe, die sich glatt und fein anfühlen. Ich überprüfe, wie dicht der Stoff gewebt ist. Nach meiner Erfahrung verarbeiten sich die lose gewebten, billigen Baumwollstoffe nicht besonders gut. Ebenso sind Stoffe mit dickeren, ungleichmäßigen Fäden auch nicht zu empfehlen.

Ein Plädoyer für Baumwolle

- Ich bevorzuge dicht gewebte, reine Baumwolle. Dadurch ist sichergestellt, daß sich meine Quilts immer gleich gut anfühlen. Polyester ist sehr oft zu starr oder dehnt sich beim Nähen.
- Ich verwende Mischungen nur ganz selten - nur wenn ich für eine bestimmte Farbe gar keine andere Möglichkeit habe. Ich bevorzuge reine Baumwollstoffe.
- Ich kaufe immer reine Baumwollstoffe in guter Qualität. Wenn man billigen Stoff von schlechter Qualität kauft, der sich nicht gut waschen und verarbeiten läßt, hat man wirklich am falschen Platz gespart.

… aber andere Stoffe haben auch Vorteile

- Ich mache mir keine Gedanken, aus welchen Materialien ein Stoff besteht; wenn er in meine Arbeit paßt, ist er in Ordnung. Auf der anderen Seite habe ich somit während des Nähens mehr Probleme zu lösen. Das Endergebnis entschädigt aber dafür!
- Mich interessieren mehr die Farben und Farbschattierungen als der Stoff als solcher. Ich mische Rohseide, Baumwolle/Polyester-Mischungen und Baumwollstoffe.

Welchen Stoff für die Rückseite?

- Ich achte sehr genau darauf, daß Vorder- und Rückseite die gleiche Stoffqualität haben. Wenn die Rückseite anders gewebt ist als die Vorderseite, kann auch der erfahrenste Quilter keine schönen Quiltstiche arbeiten.
- Falls die Rückseite nicht aus *einem* Stoffstück gearbeitet werden kann, teile ich sie in drei gleich breite Stoffstreifen auf. Ich vermeide so Nähte an den Stellen, an denen der Quilt üblicherweise gefaltet wird - nämlich in der Mitte. Der Quilt wird dann nicht so schnell abgetragen.

- Ich achte immer auf Sonderangebote, auf Stoffe, die aus der Mode sind. Diese Stoffe sind manchmal sicher nicht mein Traum, aber für die Rückseite eines Bettquilts oder eines Wandbehanges kann ich sie allemal gebrauchen.
- Wenn ich den Stoff aufgrund seiner Qualität nicht kaufen würde, überzeugt mich auch ein noch so guter Preis nicht. Einen wirklich teuren Stoff sollte man nicht gleich verwerfen - manchmal braucht man ganz wenig, um einen Quilt aufzupeppen. Die Mehrkosten sind in diesem Fall wirklich nicht sehr hoch.

Sonderangebote

- Ich kaufe meine Stoffe nicht, wenn ich schlecht aufgelegt bin oder wenn es mir nicht besonders gut geht. Ich habe an diesen Tagen keine sehr glückliche Hand. Am liebsten kaufe ich am Vormittag ein. Das Tageslicht ist am besten, und man kann die wirklichen Farben der Stoffe ganz klar erkennen.
- Nach Möglichkeit nehme ich mir zum Stoffkauf wirklich viel Zeit. In das Stoffgeschäft nehme ich auch keine kleinen Kinder mit oder jemanden, der mich ablenkt.
- Ich kaufe immer mehr Stoff als unbedingt nötig. Meistens dauert es eine Weile, bis der Quilt fertig ist, und manche Stoffe sind sehr schnell ausverkauft! Abgesehen davon, man hat nie zuviel Stoff - speziell dann, wenn man ein Fan von Reste(Scrap)-Quilts ist.
- Wenn ich die Rückseite meines Quilts aus mehreren Streifen zusammensetzen muß, achte ich immer darauf, daß die Webrichtung gleich ist. Drehen des Stoffes läßt Farben oft unterschiedlich erscheinen.
- Das Blumenmuster mancher Baumwolldrucke ist tatsächlich oft in Streifen gedruckt. Ich hänge den Stoff über einen Stuhl und betrachte ihn aus einiger Entfernung. So kann ich die Breite des Musterrapports und die Auffälligkeit des „Streifens“ besser beurteilen. Falls die Blumenstreifen nicht parallel zum Fadenlauf sind, orientiere ich mich mehr am Muster als am Fadenlauf. Auf diese Weise vermeide ich den Eindruck von ungenauem Zuschneiden. Ganz besonders wichtig ist diese Überlegung, wenn der Stoff für Umrandungen oder große Flächen vorgesehen ist.

Achtung!

Crazy Quilt *• Ca. 1939 • Wolle • 62 x 73 Inch • Lancaster Co., Pennsylvania • Kathryn und Dan McCauley • Dieser Quilt hat zwar den Mittelteil eines Crazy Quilts, geht aber zum Rand hin mehr und mehr in „ordentliche" Patchworkblöcke über.*

Vorwaschen von Stoffen

Methoden und Mittel

- Dunkle oder leuchtende, kräftige Farben wasche ich gesondert im Waschbecken. Man kann dann leicht feststellen, ob sie ausfärben. Für ein Gruppenprojekt habe ich einmal 22 Stoffe auf diese Art überprüft. Einer der Stoffe hat über eine Stunde „geblutet", auch nach mehrmaligem Waschen. Ich bin zu dem Stoffgeschäft zurückgegangen, um den Farbunterschied zu sehen. Zu meiner Verblüffung hatten der Stoff auf dem Ballen und mein mehrfach gewaschener Stoff exakt die gleiche Farbe! Dieser Stoff war offensichtlich übersättigt mit Farbe. Für mich war es eine sehr nützliche Lektion zum Thema „Vorwaschen oder nicht".
- Ich verwende warmes Wasser und ein paar Tropfen flüssiges Waschmittel. Ich glaube auch, daß es besser ist, die Stoffe auf der Leine und nicht im Trockner zu trocknen. Der Trockner verzieht die Stoffe, besonders kleinere Stoffstücke aus Baumwolle.
- Von allen vier Ecken des Stoffes schneide ich ein winziges Dreieck ab, um Ausfransen zu vermeiden. Die Stoffe werden nach Farben sortiert, mit der normalen Wäsche mitgewaschen und auf der Leine getrocknet. Seitdem ich die Ecken abschneide, weiß ich immer, was gewaschen ist und was nicht.
- Ich sortiere meine Stoffe nach hellen, mittleren und dunklen Farben. Sie sind dann nach der Wäsche bereits in Stapel aufgeteilt, die ich entweder sofort verwende oder in meine Stoffkollektion einsortiere. Zum Waschen benutze ich eine Mischung aus 1/4 Tasse Kernseife, 1/2 Tasse Essig und einem Eßlöffel Salz. Essig und Salz stabilisieren die Farben.
- Manchmal sind Fettflecken auf dem Stoff. Versuchen Sie es einmal mit Shampoo gegen fettiges Haar! Die Stoffe trockne ich auf der Leine. Im Trockner verziehen sie sich und fransen auch leichter aus.
- Ich wasche meine Stoffe nicht vor. Ich arbeite lieber mit Stoffen,die noch die Appretur in sich haben. Sie sind stabiler, und man kann genauer schneiden und nähen.

Falls der Stoff ausfärbt …

- Falls der Stoff ausfärbt, wasche ich ihn mehrere Male und weiche ihn dann etwa eine halbe Stunde in einer Mischung aus 4 Liter Wasser und 1/4 Liter Essig ein. Ich habe das Gefühl, Essiglösung wirkt besser als Salzlösung. Nach dem Trocknen schneide ich die Webkante ab - eine Gedächtnisstütze für mich, ob ich den Stoff schon gewaschen habe.

Baskets *(Körbe) Ca. 1930 - 1940 • Baumwolle • 73 x 88 Inch • Holmes County, Ohio • Privatbesitz • Die genähten Körbe wurden etwa 1930 fertiggestellt, aber der Quilt wurde erst 1940 zusammengenäht und gequiltet.*

Um Ausfransen zu vermeiden ...

- ... schneide ich von jeder Stoffecke ein kleines Dreieck ab. So weiß ich auch immer, ob ich einen Stoff vorgewaschen habe oder nicht. Kleine Reste kommen in einen Wäschesack oder ein Kopfkissen und werden im Schongang gewaschen.

Bügeln nach dem Waschen

- Ich wasche meine Stoffe selten vor, aber bügle sie immer mit dem Dampfbügeleisen.
- Nach dem Vorwaschen bügle ich den Stoff, solange er noch feucht ist. Manchmal verwende ich etwas Bügelspray auf der Rückseite. Der Stoff wird dann etwas fester und läßt sich leichter schneiden.

Schablonen

Welches Material ist am besten?

- Am liebsten verwende ich Schablonenplastik mit einer Rastereinteilung.
- Ich verwende dünne, stabile Pappe für meine Schablonen. Ideal ist die aus Unterwäschepackungen oder von Strumpfhosen.
- Schablonen, die ich sehr oft verwende, schneide ich aus Plexiglas. Ganz besonders gut ist diese Methode bei Dreiecken mit verschieden großen Winkeln.
- Quiltmuster zeichne ich auf Plastikmaterial und schneide sie mit einer Knopflochschere oder einer alten Nagelschere aus. Diese Scheren haben gebogene Schneiden. Dadurch tut man sich bei Kurven leichter.
- In die Ecken der Schablonen steche ich mit einem heißen Nagel ein Loch. Durch die Löcher mache ich Punkte. Diese Punkte verbinde ich dann zu einer Nählinie.

Verändern der Originalgröße

- Ich schwöre auf Millimeterpapier, aber seit neuestem benutze ich ein spezielles Computerprogramm.
- Ich zeichne kleinere Muster (ca. eine Seite groß) auf meinem Computer. Das Zeichenprogramm rechnet dann alle Musterteile in die gewünschte Größe um.
- Vor vielen Jahren lernte ich in einer Zeichenklasse, einen Raster über das Muster zu zeichnen. Das Muster kann vergrößert oder verkleinert werden, indem man den Raster verändert und das Muster in den neuen Raster überträgt.
- Ich verwende Schablonenplastik mit einer Rastereinteilung, um ganz genau und exakt zu zeichnen. Ich schneide meine neuen Schablonen aber immer erst einmal aus Papier zu, bevor ich an den Stoff gehe. Auf diese Weise spart man sich viel Zeit und verhindert Fehler.
- Um Quiltmuster der Quiltgröße anzupassen, erarbeite ich zuerst Lösungen für die Mitte und die Ecken. Danach verbinde ich Mitte und Ecken. Teilweise rechne ich, teilweise schätze ich ganz einfach.

Noch ein paar Schablonen-Tips

- Ich schreibe auf alle Schablonen den Musternamen sowie die Blockgröße und kennzeichne den Fadenlauf mit einem Pfeil. Ein Buchstabe korrespondiert mit einem gezeichneten Diagramm des Blockes. Die Angabe, wie oft ich ein Teil zuschneiden muß oder in welcher Farbe, lasse ich weg. Ich kann die Schablone dann in einem anderen Projekt wiederverwenden.
- In einem Heimwerkerladen kaufe ich selbstklebendes Sandpapier. Auf die Rückseite der Schablonen klebe ich kleine Sandpapier-Quadrate. Die Schablonen sind so absolut rutschsicher.
- Nachdem ich die Schablonen aus Plastikmaterial zugeschnitten habe, lege ich sie noch einmal über das Original, um ganz sicher zu sein, daß alles stimmt.
- Ich schreibe mit einem Wäschestift auf die Schablonen. Falls die Nahtzugabe schon hinzugefügt ist, vermerke ich MN (mit Nahtzugabe).

Markieren des Stoffes

Mit was markiert man den Stoff?

- Ich markiere am liebsten mit einem silbernen Stift. Man sieht ihn auf hellen und dunklen Stoffen gleich gut, und die Markierungslinien sind auch leicht zu entfernen. Außerdem kann man damit dünnere Linien als mit Kreidestiften ziehen.
- Falls der Stoff teilweise hell und teilweise dunkel ist, verwende ich einen gelben Stift.
- Für die meisten Markierungsarbeiten benutze ich einen Bleistift Nr. 1 oder Nr. 2, den ich an beiden Enden spitze. Auf dunklen Stoffen verwende ich einen kanariengelben Stift von Berol. Diese Stifte bekommt man in Künstlerbedarfsläden.
- Dunkle Stoffe markiere ich mit einem weißen oder silbernen „Berolstift". Helle Stoffe markiere ich mit einem schwarzen, wasserlöslichen Aquarellstift. Wasserlösliche Aquarellstifte waschen sich leicht aus.
- Ich habe gute Erfahrungen mit dem blauen wasserlöslichen Stift gemacht. Ich mache nur Punkte und und ziehe keine Linie. Der Stoff verrutscht dann nicht so leicht. Ich markiere sehr vorsichtig - nur so viel Farbe, daß ich es erkennen kann. Die Farbtupfen lassen sich einfach mit kaltem Wasser entfernen.
- Ich habe gelernt, *nie* mit Kugelschreiber zu markieren! Sogar wenn ich exakt auf der Linie schneide, kann die Farbe in die Nahtzugabe laufen - und sie läßt sich nie ganz auswaschen.
- Wenn ich markiere, halte ich den Stift nie ganz gerade, weil er so den Stoff verzieht und die Linien nicht genau werden. Ich halte den Stift leicht schräg und markiere in einem Rutsch. Falls die Linie dick ist, schneide ich innerhalb der Linie.

Applizierarbeiten

- Ich markiere so wenig wie möglich. Ich arbeite mit einem Lichtkasten und lege das gezeichnete Muster unter den Hintergrundstoff. Dann lege ich die einzelnen Motive auf und stecke sie fest.
- Wenn immer möglich, verwende ich schmales Kreppband (masking tape) zum Quilten. Man kann es leicht abziehen und muß keine Linien entfernen.

Applizier-
arbeiten

- Ich markiere das gesamte Appliziermuster etwas kleiner als die einzelnen Motive auf den Hintergrundstoff. Wenn dann alles appliziert ist, sieht man die Markierungslinien nicht mehr.

Genaues
Markieren

- Ich verwende zum Markieren einen dünnen Drehbleistift und ein mit Sandpapier beklebtes Brett. Ich beginne an einer Ecke der Schablone und ziehe den Strich bis zur Mitte. Dann fange ich an der gegenüberliegenden Ecke an und ziehe den Strich wieder bis zur Mitte. Bei diesem Verfahren verzieht sich der Stoff nicht.
- Ich achte immer darauf, daß mein Stift sehr gut gespitzt ist, so daß jede Schablone mit einer gleich dicken Linie markiert wird. Je stumpfer der Stift ist, um so weiter ist die Linie von der Schablone entfernt.
- Ich lege feines Sandpapier unter den Stoff und klebe auch kleine Sandpapierstückchen auf die Rückseite der Schablonen. Dadurch verrutschen weder Stoff noch Schablone. Ebenso werden Lineale mit kleinen Sandpapierstückchen auf der Rückseite „rutschsicher".

Lichtkasten

- Ich habe einen Ausziehtisch mit Einlegeplatten. Ich entferne diese Platten und ersetze sie durch eine Glasplatte. Unter diese Platte stelle ich eine Lichtquelle - und der Lichtkasten ist fertig. Das vorgezeichnete Muster kommt auf die Glasplatte, der Stoff darauf. So kann man die gewünschten Linien ganz leicht nachzeichnen.

Noch ein paar
Spezialtips

- Ich lege Kurven immer entlang des Schrägfadenlaufes. Es gibt in diesem Fall weniger Probleme mit ausfransenden Kanten.
- Je sorgfältiger die Musterteile entlang des Fadenlaufes geschnitten werden, um so weniger Probleme gibt es beim Nähen.
- Ich markiere meine Stoffe bei demselben Licht, bei dem ich sie voraussichtlich nähen werde. Markierungen, die ich bei Tageslicht mache, kann ich abends schlecht sehen und umgekehrt.
- Ich lege den Längsfadenlauf immer an die Außenseite eines Blockes. Der Stoff dehnt sich dann nicht.
- Wenn ich einen Streifendruck markiere, verwende ich immer eine durchsichtige Schablone. So kann ich genau nach dem Musterverlauf arbeiten.

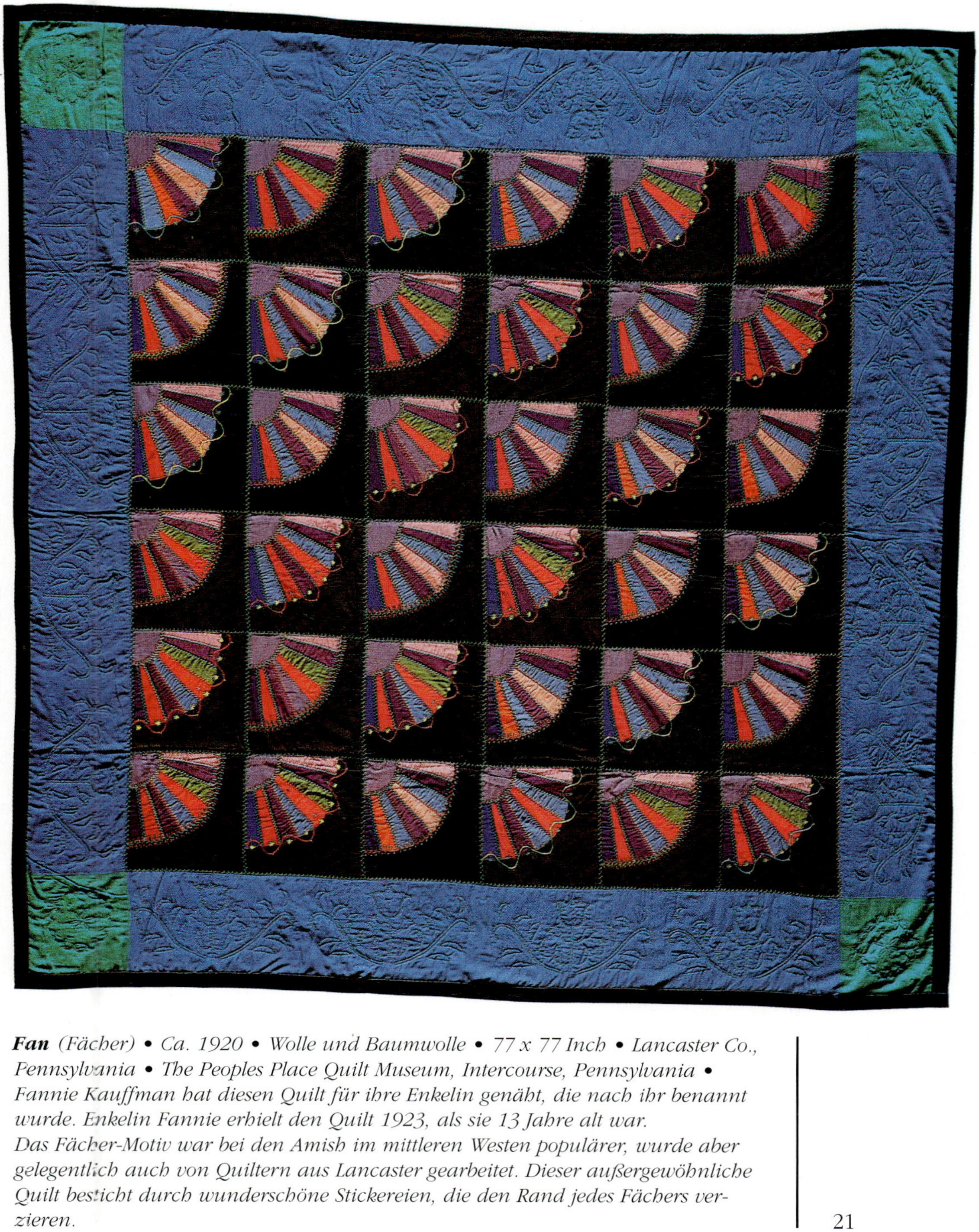

Fan *(Fächer) • Ca. 1920 • Wolle und Baumwolle • 77 x 77 Inch • Lancaster Co., Pennsylvania • The Peoples Place Quilt Museum, Intercourse, Pennsylvania • Fannie Kauffman hat diesen Quilt für ihre Enkelin genäht, die nach ihr benannt wurde. Enkelin Fannie erhielt den Quilt 1923, als sie 13 Jahre alt war.*
Das Fächer-Motiv war bei den Amish im mittleren Westen populärer, wurde aber gelegentlich auch von Quiltern aus Lancaster gearbeitet. Dieser außergewöhnliche Quilt besticht durch wunderschöne Stickereien, die den Rand jedes Fächers verzieren.

Zuschneiden

Schräg-und Längsfadenlauf

- Eine schnelle Methode, um den Fadenlauf festzustellen: Dehnen Sie den Stoff in jede Richtung. Da, wo er sich am wenigsten dehnt, ist der Kettfadenlauf. Wo sich der Stoff mehr dehnt, ist der Fadenlauf in Schußrichtung.
- Randstreifen schneide ich so weit wie möglich entlang des Längsfadenlaufes zu. Das Risiko, daß sie Wellen oder Falten bilden, ist dann relativ gering.
- Wenn Sie Schrägfadenlauf an den geraden Fadenlauf nähen, dehnt sich die Naht weniger.
- Für mich persönlich ist der Fadenlauf weniger wichtig. Ich achte mehr auf das Muster des Stoffes, den ich zuschneide.
- Je schärfer die Scheren, desto besser. Ich schneide die Kurven meiner Appliziermotive vorzugsweise entlang des Schrägfadenlaufes. Ich kann dann die Dehnung des Stoffes beim Applizieren ausnützen.

Tips für akkurates Zuschneiden

- Wenn ich mit dem Rollschneider arbeite, versuche ich alle Teile derselben Größe zur gleichen Tageszeit zuzuschneiden. Schatten kann die fertige Größe eines Streifens beeinflussen. Innerhalb eines Projektes wechsle ich auch nie das Lineal.
- Wenn ich zuschneide, lege ich immer das gesamte Stoffstück auf den Tisch. „Überhänge" ziehen nach unten und beeinträchtigen den Schnitt.
- Wenn ich mehrere Lagen gleichzeitig schneide, bügle ich die einzelnen Lagen zuerst zusammen. Sie werden dadurch sicherer zusammengehalten.
- Ich schneide die größeren Teile zuerst zu und verwende nach Möglichkeit immer den Rollschneider.

Schnell und effektiv zuschneiden

- Bei Dreiecken schneide ich nach Möglichkeit erst einen passenden Streifen zu, den ich dann in Quadrate unterteile. Diese werden dann diagonal halbiert oder geviertelt. Diese Methode ist zeitsparender, als Dreiecke einzeln mit der Schablone zuzuschneiden.

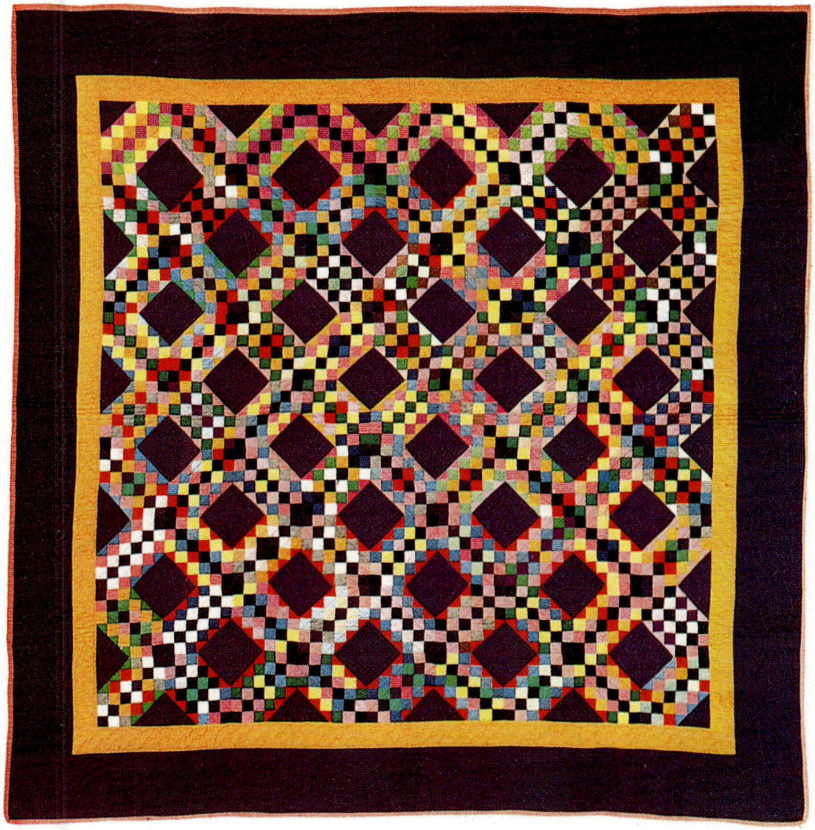

Triple Irish Chain

(Dreifache irische Kette) • 1944 • Baumwolle • 78 x 79 Inch • Tuseawras Co., Ohio • Judi Boisson Antique American Quilts, New York

Schnell und effektiv zuschneiden

- Ich reserviere mir einen ganzen Tag, um den Stoff zu markieren und die Einzelteile zuzuschneiden. Anschließend kennzeichne ich alle Teile und packe sie weg. Das hat den Riesenvorteil, daß ich die Stoffe nur einmal heraussuchen muß - und der Eß(=Arbeits)tisch muß auch nur einmal aufgeräumt werden. Man braucht zwar zunächst einmal relativ viel Zeit, aber langfristig gesehen lohnt sich der Aufwand.
- Wenn ich Dreiecke zuschneide, lege ich mehrere Lagen Stoff in verschiedenen Farben rechts auf rechts zusammen. Jeweils zwei Dreiecke liegen dann immer „nähfertig“ aufeinander. Ich hebe die Dreiecke mit einer Stopfnadel vom Stapel. Sie liegen exakt aufeinander und haften aneinander.
- Ich schneide Blumenstiele immer aus Schrägband zu.
- Ich habe immer zwei Rollschneider in Gebrauch: einen für Stoff und einen für Schablonen.

Noch ein paar Tips ...

- Schneiden Sie die Vlieseinlage nie mit Ihrer guten Stoffschere, die Schneideblätter werden sonst stumpf! Meine Stoffschere verstecke ich vor dem Rest der Familie, und den Rollschneider bewahre ich außerhalb der Reichweite von Kindern auf. Trotz aller Vorsichtsmaßnahmen ist es sinnvoll, einen ordentlichen Vorrat an Pflastern im Haus zu haben!
- Wenn Sie Arthritis haben - verschiedene Scherenhersteller haben ganz besonders leichte Scheren im Programm. In einem guten Fachgeschäft kann man Sie sicher beraten. Manche lassen sich nicht nachschärfen und müssen gelegentlich ersetzt werden, aber sie erleichtern das Schneiden enorm.
- Locker gewebten Stoff sprühe ich vor dem Markieren und Schneiden mit Bügelstärke ein und bügle ihn trocken.
- Bevor ich meinen gesamten Stoff für ein Projekt in kleine Stücke zerschneide, schneide und nähe ich erst einen Probeblock. Ich kann so die Genauigkeit der Schablonen überprüfen.

Tips zum Nähen

Schnelleres Nähen mit der Nähmaschine

- Ich nähe am Stück, die zusammengenähten Teile bilden dann eine „Kette“. Wenn ich z.B. viele Quadrate zusammennähen muß, schneide ich den Faden nicht nach jedem Quadratpaar ab, sondern mache einige Stiche in der Luft zwischen den Quadratpaaren und trenne die Paare erst später.
- Das gleiche gilt auch für größere Einheiten: Ich nähe, wie bei den Quadraten beschrieben, alle gleichen Einheiten zusammen und schneide sie erst zum Schluß auseinander. Ich arbeite immer von links nach rechts. Anschließend kommen die langen horizontalen Reihen dran.
- Damit meine Stoffstücke nicht von der Maschine „aufgefressen“ werden, beschäftige ich ein „Fadenmäuschen“. Das „Fadenmäuschen“ ist ein kleiner Stoffrest, den Sie am Anfang und Ende jeder Nähkette unter den Nähfuß schieben. Die Möglichkeit, daß die kleinen Stoffteile von der Nadel oder dem Transporteur beschädigt werden, ist dadurch weitgehend eliminiert. Die Fäden hängen an dem Mäuschen und nicht an den zusammengenähten Einheiten.
- Direkt nach dem Nähen presse ich die Nähte mit dem Daumennagel flach. Ich bügle sie erst, wenn ein kompletter Patch genäht ist.
- Ich bügle oft, deshalb habe ich mein Bügelbrett auf die Höhe der Nähmaschine eingestellt und es so dicht wie möglich zur Nähmaschine gestellt.
- Ich spule immer ein paar Spulen Unterfaden auf Vorrat - so kann ich schneller wechseln, wenn nötig.

Und wenn ich mit der Hand nähe?

- Mit dem Fadenklipper kann man beim Handnähen die Fäden schneller abschneiden als mit der Schere.
- Ich nähe nur große Teile mit der Maschine. Ich markiere jedes Teil sorgfältig und stecke die Einzelteile exakt aufeinander. Kleinere Teile nähe ich wegen der größeren Genauigkeit mit der Hand zusammen.

Genauigkeit beim Nähen

- Es gibt jetzt für fast alle Nähmaschinen einen speziellen „Quilternähfuß". In Europa ist er 0,75 cm breit; in englischsprachigen Ländern 1/4". Dieser Fuß hat an der Seite Markierungen, die besonders beim Einsetzen von Teilen oder bei Briefecken sehr nützlich sind.
- Wenn ich den geraden Fadenlauf und Schrägfadenlauf zusammennähen muß, achte ich immer darauf, daß der gerade Fadenlauf unten liegt. Das Teil mit dem Schrägfadenlauf wird so stabilisiert.
- Bei meinen Schablonen bohre ich an der Stelle, an der sich die Nählinien kreuzen, ein Loch. Diesen Punkt markiere ich auch auf den zugeschnittenen Einzelteilen. Beim Zusammenstecken von Teilen stecke ich die Stecknadel durch beide Punkte und achte auch beim Nähen darauf, daß ich die Punkte treffe. Mit dieser Methode haben Sie garantiert exakte Ecken.
- Mir fällt es leichter, bei Tageslicht zu nähen, als bei künstlichem Licht.
- Ich stecke vor und hinter jeden Kreuzungspunkt von Nähten eine Stecknadel.
- Ich bügle die Nahtzugaben immer in entgegengesetzte Richtungen. Sie stabilisieren sich so gegenseitig. Bei Kreuzungspunkten von Nähten nähe ich etwa 1-2 cm über den Punkt und prüfe dann, ob die Nähte sich exakt treffen. Wenn ja, nähe ich weiter, wenn nicht, kann ich den Fehler gleich beheben. Man spart sich so viel Zeit an Auftrennarbeiten.
- Beim Zusammenstecken von Teilen stecke ich immer eine Nadel an Anfang und Ende, dann eine in die Mitte. Anschließend stecke ich weitere evtl. benötigte Stecknadeln zwischen Mitte und Endpunkte.
- Ich nähe einen Quilt immer auf der gleichen Maschine. Wenn meine Nahtzugabe der Füßchenbreite entspricht, habe ich so immer die gleiche Nahtzugabe. Unterschiedliche Maschinen haben meistens unterschiedliche Füßchenbreiten, und das kann wirklich zu Problemen führen.
- Das Einrasten von Nahtzugaben bei horizontalen und vertikalen Nähten hilft ungemein. Ich nähe die horizontalen Nähte zuerst und bügle die Nahtzugaben der einen Reihe nach oben, die der anderen Reihe nach unten. Für die vertikalen Reihen schiebe ich dann die Nahtzugaben aneinander. Sie stabilisieren sich so gegenseitig, und die Schnittpunkte sind perfekt.
- Beim Nähen mit der Maschine stecke ich die Nahtzugabe, die in Richtung Nadel zeigt, immer fest. Das Füßchen kann die Nahtzugabe dann nicht in die falsche Richtung schieben.

Chinese Coins *(Chinesische Münzen) • Ca. 1925 • Baumwolle • 69 x 79 Inch • Pivatbesitz. • Die Quilterin war von dem Muster so fasziniert, daß sie es auch in den inneren Rand übernahm. In den Eckblöcken erscheint das Muster diagonal.*

Genauigkeit beim Nähen

- Von Anfang bis Ende eines Projektes verwende ich das gleiche Lineal zum Messen, Markieren und Schneiden. Ein Zentimeter auf einem Lineal stimmt nicht immer mit einem Zentimeter auf dem Lineal eines anderen Herstellers überein.
- Zum Zusammenstecken verwende ich Seidennadeln und mache nur ganz kleine Stecknadelstiche. In regelmäßigen Abständen stecke ich die Nadel senkrecht durch beide Stofflagen und überprüfe, ob beide Stoffteile noch exakt aufeinanderliegen.
- Mein Motto ist: Miß zweimal und schneide einmal. Ich verwende eine gute „Ausrüstung" in gutem Zustand und arbeite sehr sorgfältig
- Je genauer man auf den Fadenlauf achtet, desto besser lassen sich die Einzelteile zusammennähen. Der Quilt liegt insgesamt flacher und wirft keine Falten.
- Für einen Fächer (oder ein ähnliches Muster mit schwierigen Winkeln) pause ich die einzelnen Musterteile ohne Nahtzugabe auf plastikbeschichtetes Papier. Ich schneide die Papierschablonen aus und bügle sie mit der Plastikseite auf die Stoffrückseite. Dann schneide ich den Stoff mit Nahtzugabe zu. Die Papierränder dienen als Nählinie, die Winkel können korrekt genäht werden, und die Schrägschnitte werden nicht gedehnt. Nachdem der Block genäht ist, ziehe ich das Papier ab und bügle den Block.

Wie mache ich mir die Arbeit leichter?

- Manchmal arbeite ich in „Schichten". Erst schneide ich die Schablonen, dann den Stoff. Die markierten Einzelteile der Blöcke bewahre ich dann in Plastiksäckchen auf (ein Block pro Säckchen).
- Ich stecke oder lege erst alle Einzelteile auf ein großes Stück Flanell und nehme sie in Nähordnung ab. Ich fange also mit einem Stoffpuzzle an und arbeite mich zu einem fertigen Quilttop hin. Es hilft mir, die komplette Arbeit immer vor Augen zu haben.
- Wenn ich mit einem Quilt Probleme habe, lege ich ihn erst einmal zur Seite. Nach einer Weile fallen mir sicher Lösungsmöglichkeiten ein, und ich kann einen neuen Start wagen. Ich mache mich nicht mehr verrückt, wenn es nicht gleich auf Anhieb klappt.
- Gutes Bügeln ist der beste Weg zu akkuratem Nähen!
- Ich nähe meine Blöcke von Hand mit Quiltgarn zusammen. Es ist stärker, und die Blöcke halten somit besser.

Kings Cross Variation

(Variante von „Königskreuz") • Ca. 1930 • Wolle und Baumwolle • 73 x 68 Inch • Kalona, Iowa • Kemp und Pat Beall • Ein einfaches Muster in unzähligen Farben wird zu einem spektakulären Quilt!

Wie mache ich mir die Arbeit leichter?

- Ich habe immer eine Rolle mit 0,75 cm (1/4") breitem Kreppapier auf dem freien Spulenträger der Nähmaschine. Wenn ich exakt 0,75 cm vom Rand anfangen oder enden muß, reiße ich ein kleines Stück ab und markiere den Abstand. Besonders gut ist diese Methode bei nicht rechtwinkligen Ecken.
- Beim Zusammennähen von hellen und dunklen Stoffen verwende ich einen Faden in der Farbe des dunkleren Stoffes. Wenn man die Nahtzugabe zum dunkleren Stoff hin bügelt, ist der Faden fast unsichtbar - der gewünschte Effekt. Das gilt sowohl fürs Maschinen- als auch fürs Handnähen.

Triple Irish Chain with embroidered Baskets *(Dreifache irische Kette mit gestickten Körben) • Ca. 1930 - 1940 • 72 x 76 Inch • Belleville, Mifflin Co., Pennsylvania • Privatsammlung Romaine S. Sala*

North Carolina Lily *(Lilie aus Nord-Carolina) • Ca. 1920 - 1930 • Baumwolle • 75 x 77 Inch • Holmes Co.,Ohio • Sammlung Darwin D. Bearley • Bei diesem Quilt stimmt einfach alles: Muster, Farben, Ränder und Einfassung bilden ein wirkliches Meisterstück!*

Applizieren

Vorbereitende Arbeiten

- Ich hefte die Nahtzugabe der Appliziermotive nach hinten. Das macht die ganze Geschichte leichter, und so appliziere ich schneller.
- Ich markiere das Appliziermuster nicht auf den Hintergrundstoff. Ich habe nämlich keine Lust, mich nach dem Applizieren mit evtl. sichtbaren Linien herumzuschlagen. Statt dessen lege ich das Stoffquadrat auf das Appliziermuster und kann so sehen, wo das nächste Motiv hinkommt. Manchmal lege ich auch das ganze Muster so auf und stecke es fest. Für mich ist die Anordnung der Motive genau genug.
- Um den Stoff zu festigen, sprühe ich vor dem Applizieren alle Motive mit Bügelstärke ein und bügle sie trocken. Ich hefte die Nahtzugabe nach hinten und bügle wieder, so daß alle Kurven glatt sind.
- Ich nähe bei einfachen Formen Heftstiche in die Nahtzugabe. Meine Pappschablone liegt in der Mitte des Motives, und ich ziehe die Nahtzugabe zusammen und bügle. Anschließend entferne ich die Schablone und kann applizieren.

Und wie geht es weiter?

- Ich verwende nur kurze Stecknadeln. Man kann so genauer arbeiten. Ich verwende sie überwiegend zum Applizieren, finde sie aber auch sehr gut geeignet für Miniaturen.
- Nach dem Applizieren schneide ich den Hintergrundstoff unter den applizierten Motiven weg. Das macht das Quilten sehr viel einfacher, weil man nicht durch mehrere Stofflagen stechen muß.
- Ich wähle die Fadenfarbe passend zum Appliziermotiv. Es ist ganz wichtig, den Faden straffzuziehen - aber auch nicht zu fest. In diesem Fall zieht sich das Motiv zusammen, und es gibt kleine Falten.
- Je schmaler Sie die Nahtzugabe machen (ca. 3-4 mm), desto weniger müssen Sie sie einschneiden. Auch die Ecken und Spitzen lassen sich dann einfacher arbeiten.
- Mit einem speziellen Stoffklebestift befestige ich die Einzelteile auf dem Hintergrundstoff und spare mir so das Stecken und Heften. Diese Methode funktioniert auch bei schwarzem Schrägband. Ich bekomme eine weich geschwungene Linie; das Teil bleibt, wo es sein soll. Die Nadel wird übrigens nicht klebrig.

Und wie geht es weiter?

- Ich schiebe während des Applizierens die Nahtzugabe mit einem Zahnstocher nach hinten.
- Ich schneide Schablonen aus plastikbeschichtetem Papier und bügle sie auf die Vorderseite des Stoffes. Ich schneide außerhalb der Schablone und erhalte so die Nahtzugabe. Der Papierrand ist meine Nählinie. Das Appliziermuster lege ich über den Lichtkasten, den Hintergrundstoff darauf. Die einzelnen Motive stecke ich, dem Muster entsprechend, mit kleinen Sicherheitsnadeln auf dem Hintergrundstoff fest.
- Eine etwas zeitaufwendige, aber sehr exakte Methode: Ich schneide alle Motive doppelt zu, lege sie rechts auf rechts und nähe sie mit der Maschine zusammen. Dann schneide ich auf der Rückseite einen kleinen Schlitz und wende das Motiv. Die rechte Seite ist jetzt außen. Danach bügle ich und hefte oder stecke das Teil auf den Hintergrundstoff und nähe es auf.

Organisation

- Ich schneide alle für eine Applizierarbeit benötigten Teile zu und stecke sie auf ein Papiermuster. Ich muß dann nicht ständig nachschauen, welches Teil wohin gehört. Die Motive, die sich sehr ähnlich sehen, numeriere ich auf dem Papiermuster und auf der Nahtzugabe des Motives.
- Bei mehrlagigen Applizierarbeiten, z.B. Sunbonnet Sue, staple ich die Einzelteile in umgekehrter Reihenfolge (das am letzten benötigte Teil zuerst) und sichere den Stapel mit einem geknoteten Faden. Ich habe so alle Teile in Nähreihenfolge geordnet und bin nicht ständig auf der Jagd nach einem heruntergefallenen Blatt oder einer verlorenen Hand.
- Ich lege auf einen Magneten viele eingefädelte Nähnadeln - mit allen Farben, die ich voraussichtlich brauchen werde. Zum Applizieren verwende ich Nadeln Nr. 10. Das spart Zeit, weil ich selten während der Arbeit Nadeln einfädeln muß. Bevor ich loslege, schaue ich mir das Muster sehr genau an und numeriere die einzelnen Motive in ihrer Nähreihenfolge.

Handwerkszeug

zum Markieren

- Für eine Kreisform probiere ich die verschiedenen Deckel von Gläsern aus. Oft ist die richtige Größe dabei. Diese „Schablone“ ist sehr haltbar, und ich bewahre sie bei den anderen auf.
- Nach dem Quilten radiere ich die vorgezeichneten Linien weg. Die Krümel bürste ich dann mit einer weichen Zahnbürste ab.

---

zum Schneiden

- Meine Schablonen schneide ich mit einem Teppichmesser. Ich schneide mit dem Messer entlang eines Metall-Lineales und kann die Teile leicht auseinanderbrechen.

---

zum Nähen

- Um kleine Musterteile besser unter den Nähfuß schieben zu können, verwende ich eine ganz dünne Häkelnadel oder einen Nahttrenner.
- Mit einem Nahttrenner kann man die Nahtzugabe leichter unter das Nähfüßchen dirigieren. Manchmal haben die Nahtzugaben leider die Tendenz, nicht in der Richtung liegenzubleiben, in der ich sie brauche.
- Ich stecke meine Patchworkteile mit sehr dünnen Stecknadeln zusammen. Weil sie so fein sind, kann ich darübernähen.

---

zum Applizieren

- Um Appliziermotive zu wenden, benütze ich einen Manikürstift. Ich kann so leichter die Ecken „eckig“ machen und die kurvigen Linien nachfahren.

---

zum Quilten

- Wenn ich im Nahtschatten oder durch mehrere Stofflagen quilte, habe ich immer ein Stück Seife zur Hand. Ab und zu stecke ich meine Quiltnadel in die Seife. Die Nadel gleitet dann leichter, und das Quilten ist nicht mehr so mühsam.
- Ich schneide die Fingerspitzen von Gummihandschuhen ab und stecke sie auf meinen Zeigefinger. Die Nadel läßt sich dann leichter durch die Quiltlagen schieben und wieder herausziehen.

zum Quilten

- Heimwerkermärkte haben eine große Auswahl von selbstklebenden Kreppbändern der verschiedensten Breiten. Versuchen Sie doch einmal, ob diese zum Markieren von Quiltlinien geeignet sind. Sie ersparen sich das Aufzeichnen und müssen nach dem Quilten nur das Kreppband abziehen!
- Formen für Weihnachtsplätzchen sind ausgezeichnete Quiltschablonen.
- Über meinen Zeigefinger ziehe ich einen Gummifingerschutz, wie ihn z.B. Bankkassierer verwenden. Man bekommt ihn in Büromaterialgeschäften. Damit kann man die Nadel leicht aus dem Quilt ziehen.
- Ein Stückchen Fahrradschlauch tut es auch.

---

auf Reisen

- Ich habe immer eine Glühbirne mit hoher Wattzahl bei mir, die ich in die Lampe des Hotelzimmers schraube. Ich habe dann mit Sicherheit gutes Licht zum Nähen.
- Um heruntergefallene Nadeln schnell aufheben zu können, habe ich immer einen Magneten dabei.
- Auf Reisen verwende ich ein Stück Seife als Nadelkissen. Es „schmiert“ die Nadeln und verhindert Rostbildung. Schrägband, Vlies und ähnliches rolle ich um eine leere Küchenpapierrolle. Meine Blöcke transportiere ich auf die gleiche Weise, um Faltenbildung zu vermeiden.
- Kennzeichnen Sie Ihre Lineale, Nähutensilien u. ä., wenn Sie mit anderen Quiltern unterwegs sind. Es gibt sonst leicht Verwechslungen!

Wo und wie verstaue ich meine Utensilien?

- Ich lasse meine Nadeln immer in der ursprünglichen Packung, dann gibt es kein Herumraten bezüglich der Größe. Auf die Rückseite des Päckchens klebe ich einen kleinen Magneten (oder ein selbstklebendes Magnetband). Auf diese Weise verliere ich nicht so viele Nadeln. Wenn ich mit dem Nähen fertig bin, stecke ich die Nadel wieder in die richtige Packung. Dieses Verfahren hat sich beim Heften als große Hilfe erwiesen. Ich habe die Nadel sonst immer auf dem Quilt liegenlassen und konnte sie später auf manchen Stoffen fast nicht mehr finden.

Crown of Thorns *(Dornenkrone) • Ca. 1930 • Baumwollsatin • 80 x 94 Inch • Holmes Co., Ohio • Sammlung Catherine H. Anthony*

Wo und wie verstaue ich meine Utensilien?

- Alte Brillenetuis verwende ich als Schutzhülle für meine Rollschneider. Viele der kleineren (und auch größeren) Dinge verstaue ich in Plastikbehälter, wie sie Angler verwenden.
- Unsere Gruppe hat entdeckt, daß durchsichtige Kosmetikbeutel mit Reißverschluß eine praktische und billige Aufbewahrungsmöglichkeit für unsere Projekte sind.
- Ich hänge Rollschneider, Lineale, Scheren etc. an Haken direkt neben meinem Arbeitsplatz. Mein Arbeitstisch ist in der Höhe verstellbar. Ich habe ihn auf Taillenhöhe eingestellt und mir so Rückenschmerzen erspart! Ein fahrbares Wägelchen mit drei Körben habe ich neben der Nähmaschine - meine „Ausrüstung" und andere Utensilien sind immer bequem in Griffweite.

Heften leichtgemacht

- Ich hefte nicht mehr - ich verwende Sicherheitsnadeln.
- Wenn ich die Quiltlagen mit Sicherheitsnadeln zusammenstecke, verschließe ich die Nadeln mit Hilfe eines Grapefruitlöffels. Diese Methode verhindert ganz bestimmt wunde Finger. Die gezackte Seite des Löffels kommt direkt unter die Spitze der Nadel, und ich drücke damit die Sicherheitsnadel zu! Verzweifeln Sie nicht, wenn es nicht beim ersten Mal klappt. Denn es erfordert etwas Übung.
- Ich verwende ein Buttermesser. Die Sicherheitsnadel wird in die Quiltlagen gesteckt, das Messer an die Nadelspitze gedrückt, und mit einer leichten Drehung des Messers schließe ich die Sicherheitsnadel.

Weitere Tips

- Die Spitze meines Brieföffners (spitz, aber nicht scharf) ist ideal, um die Ecken z. B. bei Briefecken nachzuarbeiten und die Nahtzugabe flachzudrücken.
- Kleine Puppenarme und ähnliches stopfe ich mit Hilfe von Eßstäbchen.
- Ich betrachte einen Quiltblock durch ein Mini-Kaleidoskop für Kinder und habe so eine Idee, wie der ganze Quilt ausschauen kann.
  Wenn ich rote Plastikfolie über einen Block lege, kann ich leicht feststellen, ob helle und dunkle Farben in einem ausgewogenen Verhältnis stehen.

Ocean Waves
(Meereswellen) • 1924 • Baumwollsatin • 76 x 84 Inch • Holmes Co., Ohio • Barbara S. Janos • Ein sehr geordnet wirkender Quilt: Er enthält in jedem Segment zwei Farben, die in unterschiedlichen Variationen die Optik des Quilts prägen. Gequiltet wurde in einfachen geraden Linien - Quadrate im inneren Block und diagonale Linien im Randstreifen.

- Endlich habe ich die drei Dinge, ohne die ich nicht mehr leben könnte:
  - einen richtigen Nähmaschinentisch (die Maschine liegt tiefer)
  - einen Bürostuhl auf Rollen mit verstellbarer Sitzhöhe
  - eine Stehlampe, die ich in jede Richtung verstellen kann.
- Falls genügend Platz vorhanden ist:

  Ich hefte meine Quilts auf eine Tischtennisplatte. Auf diese Weise muß ich nicht mehr am Boden herumkriechen. Mein Tisch hat herunterklappbare Seiten, ist also auch für übergroße Quilts geeignet.

Weitere Tips

- Um Staub und Fusseln von meiner Nähmaschine zu entfernen, habe ich folgendes Verfahren entwickelt: Über das Ende des Staubsaugerschlauches stülpe ich eine Plastikkappe. In die Kappe bohre ich ein kleines Loch, in das ich einen Trinkhalm stecke. Dann schalte ich den Staubsauger an und kann mit dem Trinkhalm alle schwer zugänglichen Stellen säubern.
- Wenn ich einen neuen Quilt beginne, fange ich immer gleichzeitig ein „Quilt-Tagebuch" an. Auf einem Bogen Papier vermerke ich den Namen des Quilts, wann ich ihn angefangen habe, die Muster, den verwendeten Stoff usw. Während der Arbeit mache ich mir Notizen darüber, welche Probleme aufgetreten sind, wie ich sie gelöst habe, wo ich meinen ursprünglichen Plan geändert habe und ähnliches. Diese Notizen, den gezeichneten Entwurf des Quilts, Schablonen, kleine Stoffschnipsel, Fertigstellungsdatum und ein Bild des fertigen Quilts stecke ich in eine oder mehrere Plastikhüllen. Die Plastikhülle hefte ich dann in einem Aktenordner ab. Presto - die Beschreibung meiner Quilts ist immer auf dem neuesten Stand!
- Nach dem Auftrennen kann man Fadenschnipsel mit einem weichen Radiergummi am besten entfernen.
- Wenn ich Nahtzugaben zurechtschneide oder den Hintergrundstoff von Appliziermotiven wegschneide, verwende ich eine Operationsschere. Sie hat ein stumpfes, leicht geschwungenes unteres Schneideblatt. Es passiert mir dann nicht, daß ich versehentlich auch in die untere Stofflage schneide.

Vorbereitungen zum Quilten

Welches Quiltmuster?

- Große Quiltmuster im Vordergrund werden durch Kreuzmuster oder andere, dicht nebeneinander gequiltete Linien im Hintergrund betont.
- Ich versuche, das Design des Quilttops mit dem Quiltmuster zu verbinden. Wenn ich z.B. Blüten appliziere, verwende ich als Quilt-muster Blüten, Blätter oder ähnliches.
- Der Quilt „erzählt" mir, welches Quiltmuster ich brauche. Wenn mein Patchworkmuster viele Ecken hat, kann ich sie mit weichen, gerundeten Quiltlinien abmildern.
- Bei stark gemusterten Stoffen verwende ich einfache, gerade Quiltlinien, weil man das Quiltmuster in diesem Fall sowieso nicht sieht. Kunstvolle Quiltmuster eignen sich besser für Uni- oder in sich gemusterte Stoffe.
- Ich glaube, es ist eine gute Idee, das Patchworkmuster im Quiltmuster zu wiederholen. Ich quilte also Herzen in einen Herz-Quilt, Fächer in einen Fächer-Quilt usw.
- Ich versuche den Stil des Quilts und das Quiltmuster zu verbinden. Für einen eher traditionellen Quilt verwende ich auch traditionelle Quiltmuster - für einen modernen Quilt moderne Quiltmuster.
- Je kleiner der Quilt ist, um so besser wirken klare, geometrische Quiltmuster. Bei kleingemusterten Stoffen gehen komplizierte Muster nicht nur verloren, sie scheinen dem ganzen Quilt auch einen „verwaschenen" Eindruck zu geben.
- Ich versuche Details von Appliziermustern durch Quiltlinien zu ergänzen. So quilte ich Blattadern in Blätter, Blütenblätter an Rosen, Ranken an Weintrauben.

Markieren der Quiltlinien

- Manchmal verwende ich meinen Glastisch als „Lichtkasten". Ich befestige das Quiltmuster auf dem Tisch und stelle eine Lampe unter den Tisch. Dann lege ich das Top auf den Tisch und pause das Muster durch.

Markieren der Quiltlinien

- Ich zeichne meine Quiltlinien mit einem Bleistift. Diese Linien färben nicht aus, bleichen nicht aus und verschwinden auch nicht. Einen Bleistift kann man im Haus immer auftreiben, und ich muß mir keine Spezialstifte kaufen. Für dunkle Stoffe, auf denen man Bleistiftstriche schlecht sieht, verwende ich weiße Kreide.
- Auf hellen Stoffen zeichne ich ganz leicht mit einem Drehbleistift. Bei dunklen Stoffen übertrage ich das Muster auf dünnen Tüll und pause es mit einem weißen oder silbernen Stift auf das Quilttop. Meistens markiere ich nur gepunktete Linien, die während des Quiltens überwiegend verschwinden.
- Auf dunklem Stoff verwende ich am liebsten dünne Reste von Seife oder kleine Seifenstückchen aus Hotels. Seifenlinien sieht man auf dunklen Stoffen hervorragend; sie sind auch leicht durch Waschen zu entfernen. Nehmen Sie aber keine parfümierte Seife!
- Silberstifte sind auf dunklem Stoff am besten zu sehen. Wenn Licht darauf fällt, glitzern sie.
- Zum Markieren verwende ich Farbstifte, die auf den verschiedenen Farben des Quilts gut zu sehen sind.
- Ich verwende einen Schneider-Kreidestift. Er ist nach dem Quilten leicht zu entfernen.
- Ich markiere entweder mit wasserlöslichen Stiften, oder ich schneide mir das Design aus Kontaktpapier aus. Schablonen aus Kontaktpapier hinterlassen keine klebrigen Rückstände auf dem Stoff.
- Eine helle Lampe über meiner Schulter ist für mich eine absolute Notwendigkeit, weil meine vorgezeichneten Linien sehr fein sind.
- Ich markiere, nachdem ich die drei Quiltlagen zusammengeheftet habe. Der weiche Untergrund macht meine Linien feiner. Wenn ich mit dem Quilten fertig bin, sind die Linien fast verschwunden.
- Ich sehe besser, wenn ich nur auf der rechten Seite des Kreppbandes quilte. Ich quilte dann nicht in das Band hinein, und die Nadel wird nicht klebrig.
- Kfz-Ersatzteil-Geschäfte verkaufen Kreppband in verschiedenen Breiten auf großen Rollen. Das ist wesentlich billiger als die Spezialbänder für Quilter!

Crosses and Losses *(Kreuze und Verluste) • 1898 • Baumwolle • 69 x 80 Inch • Ohio • Privatbesitz • Der frühe Quilt ist ein gutes Beispiel für die Quiltkunst in Ohio. Die beiden inneren Randstreifen wurden mit einem Federmuster gequiltet, die Blöcke in der Mitte mit dicht zusammenliegenden geraden Linien. Ein Zopfmuster füllt den äußeren Randstreifen. In der linken oberen Ecke wurde das Muster leicht verändert, um Platz für das gequiltete Datum zu schaffen.*

Entfernen der Linien

- Zum Markieren verwende ich wasserlösliche Stifte. Nach dem Quilten sprühe ich den Quilt mit Wasser ein. Die Linien verschwinden dann.
- Kreide verschwindet während des Quiltens mehr oder weniger von selbst, und Bleistiftmarkierungen können mit entsprechenden Radiergummis entfernt werden.
- Kreidestift entferne ich mit einer weichen Zahnbürste. Für blaue Stifte betupfe ich die Linien mit einem nassen Küchentuch und lege den Quilt über Nacht auf meinen Eßtisch zum Trocknen. Diese Prozedur wiederhole ich, bis die Linien verschwunden sind. Anschließend wasche ich den ganzen Quilt im Schongang der Waschmaschine.
- Wenn Kreidelinien nach dem Quilten immer noch zu sehen sind, rubbele ich mit einem feuchten, weißen Waschlappen vorsichtig über die Linien.
- Ich besprühe die Linien mit Fleckentferner und bürste sie mit einer Zahnbürste weg. Man sollte eigentlich den ganzen Quilt nach dem Quilten waschen - aber ich mache es auch nicht immer.
- Wenn sich nicht alle Linien wegquilten, bearbeite ich sie mit einer Lösung aus drei Teilen Reinigungsalkohol, einem Teil Wasser und ein paar Tropfen Geschirrspülmittel. Testen Sie den Stoff aber vorher vorsichtshalber mit ein paar Tropfen dieses Gemisches auf Farbechtheit. Ich halte einige Blätter Küchenrolle unter den Quilt und bürste die Linien ganz sanft mit einer weichen Zahnbürste und der Flüssigkeit. Dieses Rezept habe ich übrigens anläßlich einer Quiltshow von Richterkollegen bekommen!
- Für Ecken und ähnlich schwer zugängliche Stellen verwende ich ein feuchtes Wattestäbchen mit einem Tropfen Geschirrspülmittel.
- Ich verwende einen Plastik-Radiergummi, wie es sie in Schreibwarengeschäften gibt. Damit kann ich Bleistiftlinien von Appliziermotiven sowohl vom Hintergrund als auch rund um die Motive entfernen.
- Manchmal ist es notwendig, einen Quilt zu waschen, um Markierungslinien zu entfernen. Mir gefällt es, wenn der Quilt nach dem Waschen ein bißchen verknittert aussieht. Er wirkt dann alt und geliebt.

Pinwheel *(Feuerrad) • Ca. 1930 • Baumwolle • 76 x 79 Inch • Ohio • Jill und Henry Barber • Jedes Blatt in den Randstreifen ist doppelt gequiltet. Dieser Quiltstil wird heute kaum noch verwendet.*

Wie finde ich Quiltmuster?

- Wenn mir absolut nichts einfällt, versuche ich mir vorzustellen, was Quilter in früheren Zeiten gemacht hätten. Möglicherweise hätten sie Teller oder Plätzchenformen verwendet.
- Ich zeichne am liebsten ohne Vorgabe oder suche meine Inspiration in Haushaltsgegenständen oder Kinderspielzeug. Mein absoluter Spitzenreiter war ein Holzpuzzle meines Kleinkindes. Die ineinandergreifenden Einzelteile ergaben wirklich ein interessantes Quiltmuster!
- Ideen für Quiltmuster finde ich in allen möglichen Büchern und Zeichnungen - sogar in Malbüchern und auf Küchentüchern.
- Ich entwickle Quiltmuster aus verschiedenen Quellen - Bücher über Architektur, Kunstbücher, Tapeten, Fliesenmuster, Zeichnungen und Körbe. Vor kurzem bekam ich ein Buch über Sashiko-Quilten. Diese Muster werde ich vermutlich auf einem der nächsten Quilts ausprobieren. Beim Maschinenquilten nähe ich manchmal einfach vor mich hin - ohne Muster, ohne markierte Linien. Es macht richtig Spaß!

Wie finde ich Quiltmuster?

- Ich hebe mir Papierservietten, Grußkarten und Bilder als potentielle Ideenlieferanten auf. Wenn ich ein Design verwenden kann, schneide ich mir eine Plastikschablone zu. Ich verwende auch Bücher mit Quiltmustern.

Welches Vlies?

- Wenn der Quilt voraussichtlich oft gewaschen wird, verwende ich eine strapazierfähige, gut waschbare und ziemlich dicke Qualität. Für einen Wandbehang bevorzuge ich ein dünneres Vlies.
- Polyestervlies ist mir am liebsten. Für kleine Quilts nehme ich dünnes Vlies, für größere Quilts eine mittlere Stärke und ganz dickes Vlies für geknotete Bettdecken.
- Für einen Quilt, der flauschig und kuschelig wirken soll, verwende ich Polyester. Den flachen, antiken Look erzielt man mit Baumwollvlies.
- Die Stärke meines Vlieses richtet sich nach dem geplanten Quilten: Wenn ich viel quilten will, nehme ich ein dünnes Vlies, wenn ich wenig quilte, ein dickes.
- Dunkles Vlies eignet sich ausgezeichnet für dunkle Quilts. Die kleinen Vliesfasern, die sich manchmal durch den Stoff arbeiten, fallen dann nicht so auf.
- Bei dünnerem Vlies mache ich kleinere Stiche.
- Für Quilts im Amish-Stil verwende ich Baumwollvlies. Meine Stiche sind zwar nicht so klein, aber mir gefällt das flache Aussehen.
- Wenn ich mit der Hand quilte, bevorzuge ich dünnes Polyestervlies, weil mir das Aussehen und der Fall zusagen. Durch Baumwoll- oder Baumwoll/Polyester-Vlies quilte ich nicht gerne von Hand. Ich habe das Gefühl, dieses Vlies bremst die Nadel, und meine Hand schmerzt nach einer Weile. Für kleine Quilts teile ich die Baumwollfülle manchmal. Dann kann ich mühelos mit der Hand quilten.
- Beim Maschinenquilten habe ich mit Baumwollvlies zwar keine Probleme, mir ist Polyester aber trotzdem lieben. Mir gefällt zwar das leicht verkrumpelte Aussehen von Quilts mit Baumwollvlies nach dem Waschen - aber wenn diese Quilts gefaltet werden, ist die Falte fast nicht zu entfernen.
- Manchmal kann man für kleine Quilts eine dünne Baumwolldecke oder ein Badehandtuch als Fülle nutzen.
- Ich plustere das Vlies im Wäschetrockner ein bißchen auf. Die kleinen Löcher in dem Vlies sind dann auch gleichmäßiger verteilt, und der ganze Quilt sieht einfach besser aus.

Welches Vlies?

- Ich verwende ausschließlich natürliche Fasern (Baumwolle, Wolle oder Seide), um die möglicherweise giftigen Ausdünstungen von Polyester zu vermeiden.
- Ich bevorzuge Baumwolle. Es ist leicht zu quilten und fühlt sich gut an. Mir gefällt auch das Aussehen des fertigen Quilts; außerdem hat sich Baumwolle seit Jahrhunderten bewährt. Bei Polyester habe ich die Befürchtung, daß dieses Vlies seine Stabilität verliert und möglicherweise umweltschädliche Gifte enthält.

Noch ein paar Tips

- Meine Quiltstiche sind exakter, wenn ich die Linien vor dem Heften markiere.
- Quilter sind geradezu besessen, winzige, schöne Stiche zu machen. Sicherlich ist das nicht unwichtig! Was mich bei einem fertigen Quilt wirklich beeindruckt, ist der Gesamteindruck - wieviel gequiltet wurde, die Ausgewogenheit, wie das genähte oder applizierte Muster betont wurde. Ich persönlich liebe stark gequiltete Raster im Hintergrund. Sorgfältig geplante Quiltmuster sind ein Kennzeichen von meisterlichen Quilts.
- Ich versuche, im inneren Quilttop und den Rändern gleich viel zu quilten. Der Quilt hängt dann gerade und wellt sich nicht.
- Wenn es irgendwie möglich ist, quilte ich mit der Maschine im Nahtschatten. Wenn ich fertig bin, füge ich noch handgequiltete Motive hinzu. Die maschinengequilteten Linien halten Quilttop, Vlies und Rückseite zusammen. Ich kann leichter mit der Hand quilten und werde nicht von Stecknadeln, Heftfäden und dergleichen behindert.

Carolina Lily *(Lilie aus Carolina) • Ca. 1930 • Baumwolle • 74 x 80 Inch • Ohio • Judi Boisson, Antique American Quilts, New York • Dieses Muster wurde wegen seiner realistischen Darstellung der Blumen nur selten von Amish-Quiltern gearbeitet. Dieser exzellente Quilt wurde bestimmt nicht „im Vorbeigehen" gemacht.*

Quilten

- Ich verwende einen runden Holzrahmen von ca. 35 cm Durchmesser. Dieser Rahmen ist auf einem Ständer montiert. Diese Kombination erwies sich für mich als die beste Lösung. Ich habe nämlich zwei Probleme: Meine Arme sind sehr kurz, und ich bekomme leicht Rückenschmerzen. Den Holzrahmen kann man in jede gewünschte Richtung drehen. Ohne Ständer muß man ihn allerdings auf dem linken Arm irgendwie balancieren; davon tut mir schon nach kurzer Zeit der Rücken weh.
- Selbst für große Quilts verwende ich einen Rahmen von ca. 20 cm Durchmesser, weil ich bei dieser Größe leicht unter den Rahmen langen kann.
- Ich bevorzuge einen 40-cm-Rahmen. Er ist größer als der übliche 30-cm-Block, deshalb kann ich den ganzen Block beim Quilten sehen. Abgesehen davon hat dieser Rahmen eine „transportable“ Größe.
- Für Miniaturquilts verwende ich einen kleinen Rahmen, den ich in jede Richtung drehen kann. Ich kann so immer zu mir hin quilten. Größere Quilts spanne ich in größere Rahmen. Manchmal stecke ich die Lagen nur stückchenweise und rolle den Rest zusammen.
- Ich hefte ein Handtuch an die Ränder des Quilts, damit ich bei einem runden Rahmen auch die Ecken gut erreichen kann. Wenn die Rohre eines PVC-Rahmens die Spannung verlieren, wickle ich das Gummiband ganz fest um den Rahmen und lege ihn für eine Weile in heißes Wasser. Anschließend lasse ich ihn draußen abkühlen.

Welcher Rahmen?

- Ich verwende zum Quilten keinen Rahmen. Voraussetzung ist allerdings ein gut gehefteter Quilt. Dazu habe ich folgendes Verfahren entwickelt: Ich spanne den Stoff für die Rückseite ganz glatt, manchmal über zwei oder drei Tische, und befestige sie mit Klebeband. Darüber kommt die Füllung, darauf das Top. Dann hefte ich die drei Lagen zusammen. Von der Mitte des Quilts ausgehend, nähe ich die Lagen mit Heftstichen zusammen oder verwende Sicherheitsnadeln; in beiden Fällen etwa alle 10 cm. Mit dieser Methode habe ich auf der Rückseite meines Quilts nie Falten.

Quilten ohne Rahmen

Anfang und Ende einer Quiltlinie

- Ich mache einen kleinen Knoten, steche mit der Nadel ca. 1 cm von meinem Startpunkt entfernt ein und schiebe die Nadelspitze zu diesem Punkt. Ich ziehe an der Nadel, bis der Knoten im Vlies verschwindet, und fange an zu quilten. Das Ende einer Linie sieht ähnlich aus: Ich mache in kurzem Abstand zwei kleine Knoten, steche in den letzten Quiltstich und komme mit der Nadelspitze wieder ca. 1 cm vom Startpunkt entfernt heraus. Zum Schluß schneide ich den Fadenrest dicht über dem Quilt ab.
- Ich fange immer in der Mitte zu quilten an, schneide meine Fäden aber nicht ab, wenn ich an den Rand meines Rahmens komme. Ich lasse sie einfach hängen und fädele wieder ein, wenn ich den Quiltrahmen versetze.
- Beim Maschinenquilten reduziere ich die Stichlänge am Anfang und Ende jeder Reihe auf null und nähe ein paar Stiche.
- Wenn ich ein großes, fortlaufendes Muster quilte, nehme ich einen sehr langen Faden und ziehe ihn bis zur Hälfte heraus. Dann quilte ich in eine Richtung, beende die Reihe, fädele die andere Fadenhälfte ein und quilte schließlich in die andere Richtung.
- Ich arbeite immer mit mehreren Nadeln gleichzeitig. Ich quilte im Rahmen zum Rand hin, soweit es eben geht, und lasse die Nadel stecken. Wenn ich den Quiltrahmen versetzt habe, mache ich mit den steckengelassenen Nadeln weiter.
- Ich knote meinen Quiltfaden und ziehe ihn von der Rückseite zum Top, um den Knoten zu „begraben“. Am Ende einer Quiltreihe verfahre ich ähnlich: Ich wickle den Quiltfaden ein- bis zweimal um die Nadelspitze und steche mit der Nadel so dicht wie möglich neben dem letzten Quiltstich ein. Ich ziehe dann von der Rückseite am Faden, bis der Knoten verschwunden ist.
- Knoten mag ich nicht. Denn sie machen im Stoff immer kleine Löcher, wenn man sie durchzieht. Ich steche die Nadel ca. 2 cm von meinem Startpunkt ein und ziehe die Nadel am Startpunkt heraus, lasse aber etwas Faden hängen. Nun mache ich zwei kleine Rückstiche und fange dann an zu quilten. Am Ende einer Reihe mache ich wieder ein paar Rückstiche und ziehe die Nadel wieder ca. 2 cm vom Endpunkt entfernt heraus. Zum Schluß schneide ich dann alle Fäden ab.

Blockwork (Improvisation mit Blöcken) • Ca. 1910 • Glänzende Baumwolle • 67 x 73 Inch • Holmes Co., Ohio • Judi Boisson Antique American Quilts, New York • Das Muster erinnert an eine Sammlung von „Diamond-in-the-Square"-Mittelblöcken, die zu einem Quilt zusammengestellt wurden.

Noch ein paar Tips zum Quilten

- Ein Quilt, der nie fertig wird, macht auch keinen Spaß mehr! Mir hilft es, wenn ich mir einen Zeitplan mache. Ein paar Tricks helfen: Ich quilte bei rechteckigen Quilts immer die kürzere Seite, dann schaut es nicht so lang aus. Zuallererst quilte ich übrigens die Ränder, und dann spanne ich den Quilt in den Rahmen. Nach ungefähr vier Stunden habe ich mein Tagesziel erreicht und einen „Rahmen voll" gequiltet.
- Meine Quilts hefte ich sehr gut mit einer absolut scheußlichen Farbe. Mir fällt es leichter zu quilten, wenn ich weiß, daß ich diese häßlichen Heftfäden gleich entfernen kann. Je mehr man heftet, desto leichter kann man quilten und um so mehr von den Fäden ziehen. Ich setze mir auf diese Weise immer „Mini-Ziele".
- Ich schneide Quiltfäden mit Baby-Nagelscheren ab. Die stumpfen Enden können den Quilt nicht beschädigen.
- Quilten Sie nie, wenn Sie im Streß sind. Wenn ich es doch einmal gemacht habe, konnte ich diesen Teil am nächsten Tag wieder auftrennen, weil ich viel zu fest am Faden gezogen hatte. Quilten sollte wirklich ein reines Vergnügen sein.
- Die Arbeit an einem Quilt verstärkt bei mir einerseits Frustration und andererseits Freude. Wenn ich mit mir selbst nicht eins bin, fange ich kein neues Quiltprojekt an. Lieber mache ich an einem alten weiter, als bei einem neuen Projekt vor tausend Entscheidungen zu stehen - Entscheidungen, die ich in der Situation weder treffen kann noch will.
- Ich verwende immer gewachstes Baumwollgarn. Es bildet weniger Knoten und reißt selten.

Noch ein paar Tips zum Quilten

- Bei einer Vielzahl von Farben in einem Quilt verwende ich zum Nähen oder Quilten einen hellgrauen Faden. Grau scheint den Farbton von Nachbarfarben förmlich aufzusaugen. Bei sehr dunklen Farben nehme ich dunkelgraues Garn.
- Miniaturquilts sind eine tolle Sache - man kann mehrere Quilts in einem Jahr machen und sie sich sowohl zeitlich als auch finanziell leisten. Mir ist auch aufgefallen, daß Quilts, die sehr kompliziert zu machen sind, nicht unbedingt auch die schönsten sein müssen. Einfache Blöcke hingegen können sehr schwierig wirken, abhängig von ihrer Anordnung und den Nachbarblöcken.
- Mit einer Fusselrolle lassen sich kleine Fadenschnipsel hervorragend entfernen. Ich rolle die Bürste sorgfältig über die Rückseite des Quilttops, bevor ich mein „Quiltsandwich“ zusammenbaue. Diese Arbeit ist nicht besonders zeitaufwendig. Nach dem Quilten ist es eine mühselige und zeitraubende Arbeit, durchscheinende Fädchen zu entfernen.
- Wenn ich jeden Tag quilte, und sei es auch nur für eine halbe Stunde, quilte ich schneller und besser, als wenn ich nur gelegentlich quilte.
- Mein erklärtes Ziel sind gleichmäßige Stiche. Kleiner werden sie durch Übung. Wenn ich eine Weile nicht gequiltet habe, brauche ich ein bißchen Zeit, um die Technik wieder zu beherrschen. Ich quilte dann an weniger kritischen Sachen, bis die Stiche wieder klein und ebenmäßig sind. Hintergrundmusik und/oder eine schöne Aussicht sowie gute Gesellschaft machen Quilten ganz besonders angenehm.
- Ich fange an einer etwas versteckten Stelle zu quilten an (z. B. im Nahtschatten), bis ich meinen Rhythmus wiedergefunden habe. Die ersten, meist etwas verwackelten und ungleichmäßigen Stiche fallen dann nicht so auf.
- Ich stecke ein knallfarbiges Stück Stoff mit einer Sicherheitsnadel an die Stelle, wo ich mit dem Quilten aufgehört habe. So vergeude ich keine Zeit mehr damit, diese Stelle zu suchen.
- Für mich ist es besonders wichtig, ein Tagebuch über alle meine Quiltprojekte zu führen. Ich kann dann bei späteren Projekten auf bereits erfolgreich angewandte Techniken u. ä. zurückgreifen. Ich notiere mir auch, wenn mir ein bestimmter Aspekt eines Projektes nicht gefallen hat, in anderen Projekten kann ich diesen Punkt dann vermeiden.
- Quilten in der Öffentlichkeit ist eine tolle Sache, um Gespräche anzuknüpfen. Es macht mir Spaß, und ich habe das Gefühl, unsere Geschichte und Tradition weiterzugeben. Wenn ich ein altes Quilttop quilte, meine ich, einer Schwester aus der Vergangenheit die Hände zu reichen.

Wunde Finger

Vorbeugen
ist besser
als heilen

- Zu trockene Hände werden schneller verletzt und heilen langsamer.
- Ich schiebe die Nadel mit einem Fingerhut und ziehe sie mit einem Gummistückchen wieder heraus.
- Ich versuche jede Woche etwas zu quilten - die Hornhaut auf den Fingerspitzen bleibt dann erhalten.
- Ich wechsle die Finger unter dem Quilt - wenn der Mittelfinger wund ist, nehme ich den Zeigefinger. Am Abend betupfe ich den wunden Finger mit Creme, und am Morgen ist alles gleich viel besser.
- Ich sammle alte Lederhandschuhe und schneide die Fingerspitzen ab. Sie passen ausgezeichnet und schützen meine Finger beim Quilten.
- Manchmal benütze ich Gummifingerlinge, wie sie z. B. Bankkassierer verwenden. Sie sind dünn genug, daß ich die Nadel fühle, aber dick genug, um meine Fingerspitzen zu schützen.
- Den Finger unter dem Quilt schütze ich mit einem gebogenen Plektron aus Plastik. Es ist in Musikgeschäften relativ billig zu bekommen.

Wenn die
Finger wirklich
wund sind

- Manchmal muß ich meine Zuflucht für kurze Zeit bei einem anderen Hobby suchen.
- Wenn Finger, Hände, Rücken oder Augen schmerzen, höre ich einfach auf.
- Weichen Sie die wunden Finger für kurze Zeit in einer Mischung aus Wasser und Wasserstoffperoxid ein. Der Schmerz läßt dann bald nach.
- Ich kaufe Melkfett in der Apotheke. Eine große Dose kostet nicht besonders viel.
- Wenn ich sehr trockenen Hände bekomme, reibe ich sie mit Melkfett ein und trage nachts Baumwollhandschuhe. Nach ein oder zwei Nächten sind sie wieder ansehnlich.
- Nach dem Quilten tauche ich meine Finger in med. Alkohol. Die Finger heilen dann wirklich besser.
- Ich verwende eine Aloe Vera Lotion. Sie enthält Vitamin E, das den Heilungsprozeß tatsächlich zu beschleunigen scheint .

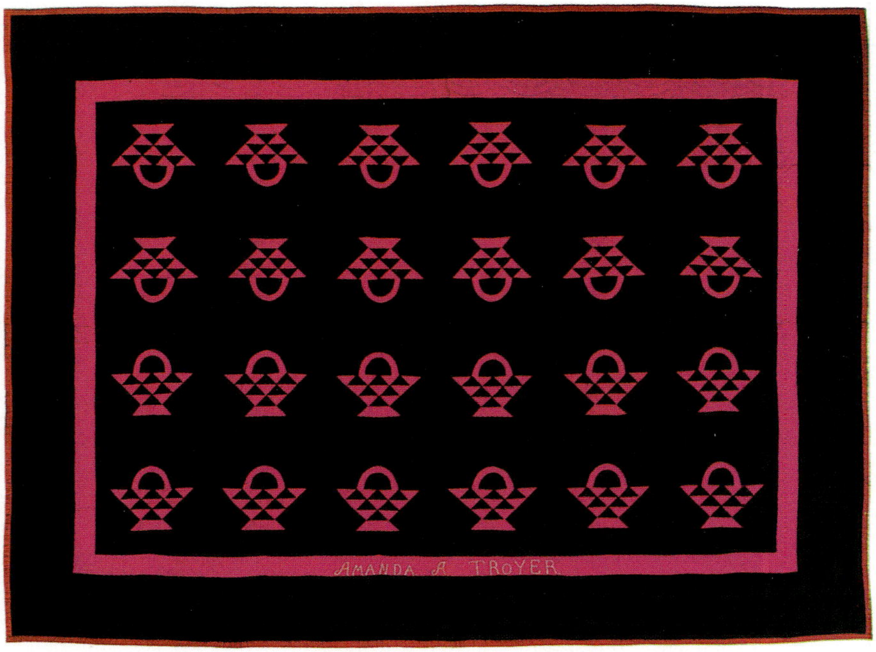

***Baskets** (Körbe) • Ca. 1925 • Glänzende Baumwolle • 92 x 67 Inch • Holmes Co., Ohio • Judi Boisson Antique American Quilts, New York • Die Körbe sind genäht, die Henkel appliziert. Beachten Sie bitte den gestickten Namen auf dem inneren Randstreifen.*

Wenn die Finger wirklich wund sind

- Lanolin und Baumwollhandschuhe! Cremen Sie die Fingerspitzen mit Lanolin (Wollfett) ein und tragen Sie nachts darüber Baumwollhandschuhe. Die Hände heilen meistens über Nacht.
- Ich verwende eine Kamillensalbe aus der Apotheke, um meine Hände zu heilen.
- Cremen Sie Ihre Hände mit Vaseline ein und tragen Sie nachts Baumwollhandschuhe; im Notfall tun es auch alte Socken.
- Nehmen Sie sich einen Tag frei vom Quilten und lesen Sie das neueste Quiltbuch. Noch besser: Gehen Sie in das nächste Stoffgeschäft und kaufen Sie die neuesten Stoffe!

Fingerhüte und Nähnadeln

Der richtige Fingerhut

- Ich habe Fingerhüte unterschiedlicher Größe. Wenn meine Finger anschwellen (speziell wenn ich viel gequiltet habe), nehme ich den Fingerhut eben eine Nummer größer.
- Ich verwende den gleichen Messingfingerhut nun seit 14 Jahren. Messing paßt sich der Körpertemperatur an; er ist wie eine Verlängerung des Fingers.
- Ich habe 10 verschiedene Fingerhüte von verschiedenen Herstellern und in unterschiedlichen Größen. Ich probiere immer wieder aufs neue, welcher paßt. Temperatur, Länge des Fingernagels und die Tagesform - all das beeinflußt meine Wahl. Am liebsten sind mir Metallfingerhüte mit Vertiefungen an der Oberseite.
- Ich schneide mit den normalen Fingerhüten immer den Faden durch. Mit antiken Elfenbein- oder Knochenfingerhüten habe ich dieses Problem nicht. Auf Flohmärkten oder Antiquitätengeschäften bin ich immer auf der Jagd nach alten Fingerhüten.
- Ich habe sehr kleine Finger und daher echte Schwierigkeiten, einen passenden Fingerhut zu finden. Wenn ich meinen Finger feucht mache, fällt der Fingerhut nicht so leicht ab.

Die richtige Nadel

- Nadelstärke 10 ist mir am liebsten. Je kleiner die Nadel, desto kleiner sind die Stiche und um so größer ist meine Schnelligkeit.
- Bei Quilts mit einem dünnen Vlies verwende ich dünne Nadeln, bei Quilts mit einer dicken Füllung gehe ich eine Nadelstärke höher.
- Ich habe es mir zur Angewohnheit gemacht, meinen Stoff mit der jeweiligen Nadel erst probezunähen. Die Angaben der Hersteller stimmen nicht immer mit meiner Nähmaschine überein. Die Größe der Nadel sollte immer in Zusammenhang mit dem verwendeten Faden und der Dicke des Stoffes gesehen werden.
- Ich verwende zum Maschinennähen „Microtex"-Nadeln. Sie sind sehr dünn und hinterlassen keine Löcher im Stoff.
- Ich verwende immer eine Sticknadel Nummer 10. Sie ist dünn, scharf und hat ein größeres Nadelöhr als die meisten Quiltnadeln. Außerdem kann ich auf diese Nadel beim Quilten 5-6 Stiche laden.

Die richtige Nadel

- Manchmal nehme ich eine dickere Nadel, weil sie sich nicht so leicht verbiegt; verbogene Nadeln haben ungleichmäßige Stiche zur Folge. Ich achte besonders auf scharfe Spitzen und eine glatte Oberfläche. Das Nadelöhr schaue ich mir besonders genau an. Ich ziehe den Faden durch und prüfe, ob er irgendwie beschädigt ist. Wenn meine Quiltstiche nicht so sind, wie ich mir das vorstelle, versuche ich es mit einer anderen Nadel von einem anderen Hersteller. Welche Nadel ich nehme, ändert sich von Tag zu Tag.
- Ich quilte mit einer Nr.-10-Nadel, weil sie ein größeres Nadelöhr hat. Der Quiltfaden wird durch das größere Öhr nicht aufgerubbelt. Ich kann mit einem längeren Faden arbeiten.

Einfädeln

- Ich schneide das Fadenende leicht schräg ab. Es geht so leichter durch das Nadelöhr.
- Ich schneide den Faden mit einer scharfen Schere ab, mache ein Ende etwas feucht und ziehe es fest zwischen zusammengepreßten Daumen und Zeigefinger durch. Das Garn wird flacher und läßt sich leichter einfädeln.
- Nach dem Einfädeln verknote ich das frisch abgeschnittene Ende. Mein Faden verheddert sich dann nicht so leicht, weil ich mit der Spinnrichtung des Garns nähe und nicht dagegen.
- Ich ziehe den Faden vor dem Einfädeln einmal durch Bienenwachs.
- Versuchen Sie es mit jüngeren Augen! Kinder oder Freunde mit guten Augen helfen mir. Sie fädeln mir viele Nadeln ein, die ich dann in der Nähe meines Arbeitsplatzes aufbewahre.
- Vor kurzem habe ich gelernt, daß auch die Nadel eine rechte und eine linke Seite hat. Wenn das Einfädeln nicht beim ersten Mal klappt, drehe ich die Nadel um. Es ist wirklich erstaunlich, wie oft diese Methode funktioniert.
- Mir hilft eine Lupe, die ich an meiner Brille befestigen kann.

Noch ein paar Tips

- Ich schaue gelegentlich auf eine rote Erdbeere (= Nadelkissen) oder irgendein anderes farbiges Objekt im Zimmer, um meinen Augen eine kleine Pause zu geben und die Beanspruchung etwas abzumildern.

Bear Paw *(Bärentatze) • Datiert 1939 • Baumwolle • 85 x 71 Inch • Ohio • Judi Boisson Antique American Quilts, New York • Die innere Zackenborte bildet eine hübsche Ergänzung zu dem gezackten Bärentatzen-Muster.*

Noch ein paar Tips

- Ich habe beim Quilten immer nur zwei Nadeln „im Einsatz". Mir fällt dann gleich auf, wenn eine fehlt. Wenn sie auf den Boden gefallen ist, kann ich sie gleich aufheben, und keiner tritt versehentlich drauf.
- Falls sich der Faden trotz Behandlung mit Bienenwachs immer noch leicht verknotet oder abwetzt, wechsle ich zu einem anderen Quiltgarn. Dies spart in jedem Fall Zeit und Ärger.

Quilted in 1937
SUSIE MILLER
Sarah Helmuth Kokomo, Ind.
Fannie Gingerich

Welche Farben passen zusammen?

Farbplanung mit Stoffen

- Ich mache verschiedene Prototypen, nachdem ich das Design auf Papier aufgezeichnet habe. Es ist besser, den tatsächlichen Stoff zu verwenden, als sich allein auf das gezeichnete Design zu verlassen. Farbe und subtile Muster können den Gesamteindruck wesentlich beeinflussen.
- Sehr oft lege ich meine Stoffe auf den Fußboden und lasse sie da ein oder zwei Tage liegen. Wenn es mich immer noch begeistert, nehme ich die Stoffe; wenn nicht, lege ich sie einfach anders hin - siehe oben.
- Ich habe ein großes Biberbettuch an der Wand befestigt. Ich probiere unterschiedliche Farbkombinationen aus und gehe immer ein paar Schritte zurück, um ihre Wirkung zu überprüfen. Stoff hält auf Biber, man muß den Stoff nur etwas darauf festdrücken.
- Ich klebe jeden Stoff, den ich für einen bestimmten Quilt verwenden will, auf die Rückseite von Millimeterpapier oder kariertem Papier. Mit einer Papierschere schneide ich alle Quadrate, Dreiecke und Rechtecke aus, die ich für einen Block brauche. Dann klebe ich diese Teile auf ein Blatt Papier und habe eine geklebte Mini-Version meines Blocks. Ich mache mehrere dieser geklebten Fassungen, bis die Farbkombination stimmt und helle und dunkle Farben in einem ausgewogenen Verhältnis stehen.
  Dieses Verfahren ist nicht nur eine sehr nützliche Planungsübung, sondern man erhält auch ein Wandbild oder eine Grußkarte für einen Quilterfreund.
- Mir hilft es, jeden Stoff zu fotokopieren, den ich in meinem Quilt verwenden werde. Normalerweise bekomme ich mit der hellsten Einstellung gute Kopien von allen Stoffen. Mit diesen Kopien klebe ich einen Probeblock. Wenn ich den Quilt in schwarz und weiß plane, kann ich Ausgewogenheit von Hell und Dunkel besser überprüfen.

Freundschaftsquilt • *Genäht 1933 - 1934 • Gequiltet 1937 • Baumwolle • 85 x 68 Inch • Nappanee, Elkhart Co., Indiana • Privatbesitz Susan Wickey • Die Einzelteile dieses Quilts kommen aus vielen amerikanischen Staaten. Der Quilt ist ein Symbol für immerwährende Freundschaft, wenn auch die Entfernung noch so groß sein mag. Susan Mast hat im Laufe von zwei Jahren die Patches gesammelt und anschließend den Quilt genäht. Beim Quilten hat die ganze Nachbarschaft zusammengeholfen.*

Farbplanung mit Stoffen

- Ich stelle zwei Spiegel im rechten Winkel auf und lege einen Musterblock vor die Spiegel. Jetzt sehe ich, wie vier von diesen Blöcken aussehen würden. Manchmal schneide ich auch nur die Einzelteile eines Blockes ohne Nahtzugabe zu und lege sie vor die Spiegel.
- Ich sitze im Morgenlicht inmitten meiner Stoffe und suche mir die passenden aus. In diesem Licht sieht man die Farben nämlich am klarsten. Wenn meine Stoffzusammenstellung im Morgenlicht gut aussieht, sieht sie bei jedem Licht gut aus. Ich schneide dann von jedem Stoff ein Stückchen ab und lege alle in Sichtweite. Ab und zu ändere ich das Stoffarrangement, bevor ich eine endgültige Entscheidung treffe.
- Ich arbeite erst einmal mit den Stoffen, die ich habe. Wenn ich zu einer guten Lösung gekommen bin, schneide ich von jedem Stoff einen Schnipsel ab und kaufe dann im Stoffgeschäft die notwendigen Ergänzungen.
- Ich lege über alle Stoffe für einen Quilt eine rote Plastikfolie. Diese Folie „verschluckt" die Farben, und ich kann die Farbintensität (dunkel, mittel und hell) besser sehen.

Farbplanung ohne Stoffe

- Mir gefallen gut abgestufte Farbfolgen am besten. Wenn es irgendwie geht, arbeite ich am Computer, um einen Quilt farblich zu planen.
- Der einfachste Weg, sich einen Quilt vorzustellen, ist eine Zeichnung des Designs. Ich zeichne immer eine Verkleinerung von neun Blöcken. Ich male die Zeichnung dann mit den gewünschten Farben aus und habe eine bessere Vorstellung, wie der Quilt aussehen wird. Wenn ich mir über Farben nicht ganz sicher bin, fotokopiere ich die Zeichnung ein paarmal und probiere verschiedene Kombinationen aus. Oft entdecke ich bei diesem Verfahren auch Sekundär-Muster, die mir beim Originalmuster entgangen sind. Ich nähe immer einen Probeblock.
- Das Design für meine Quilts wird bestimmt durch den Farbwert (hell oder dunkel). Ich entwerfe das Muster erst auf Millimeterpapier und schattiere die einzelnen Flächen mit Bleistift dunkel, mittel oder hell. Ich habe auch eine Wand, an die ich Stoffstücke stecken kann. Ich muß die Wirkung aus der Entfernung überprüfen. Für mich ist das sehr wichtig.
- Ich zeichne meine Ideen sofort auf Millimeterpapier und male die Zeichnung mit Farbstiften aus. Es ist extrem wichtig, maßstabsgetreu zu zeichnen: Nur so kann man erkennen, ob eine Farbe vielleicht „etwas aus dem Ruder läuft".

Einfaßstreifen

Vorbereitende Arbeiten

- Ich hefte die drei Quiltlagen immer mit der Maschine zusammen, bevor ich die überstehende Fülle und den Rückseitenstoff abschneide. Für mich ist es schwierig, alle drei Lagen nach dem Zurechtschneiden ordentlich zu heften. Den Einfaßstreifen nähe ich per Hand und Quiltgarn an, weil das stabiler ist.
- Ich hefte alle Quiltlagen mit kleinen Vorstichen zusammen, bevor ich den Einfaßstreifen annähe.
- Erst stecke ich den Einfaßstreifen sorgfältig fest und verteile den Stoff gleichmäßig, daß sich keine Falten bilden. Dann nähe ich den Streifen an.
- Die Ränder eines Quilts begradige ich mit einem langen Lineal und einem Rollschneider.

Annähen des Einfaßstreifens

- Wenn ich die Einfassung auf der Vorderseite annähe, achte ich ganz besonders darauf, den Quilt nicht zu ziehen, damit er an den Ecken nicht wellig wird.
- Schrägband näht sich gut an, aber im Fadenlauf geschnittene Streifen tun's auch. Mein Nähgarn stimme ich auf den Hintergrundstoff ab, damit man die Stiche nicht sieht. Wenn ich die Einzelteile für einen Quilt zuschneide, schneide ich auch gleich ca. 7 cm breite Einfaßstreifen zu. Ich nähe sie zusammen, bügle sie in die Hälfte. Danach rolle ich den Streifen auf und halte ihn mit einem Gummiband zusammen. Diesen Streifen bewahre ich mit dem restlichen Stoff für den Quilt auf. Ich kann so schneller arbeiten und muß mir auch nie Gedanken machen, mit was ich um Himmels willen diesen Quilt einfassen werde.
- Um Stoffansammlungen in den Ecken zu vermeiden, fange ich auf den Seiten an zu nähen und nicht in der Ecke.
- Ich nehme den Stoff für Einfaßstreifen immer doppelt, damit der Quilt haltbarer wird. Ich ziehe den Streifen glatt und stecke ihn mit *vielen* Stecknadeln fest.

Annähen des Einfaßstreifens

- Ich verwende gerade Streifen für gerade Seiten. Ich nähe den Streifen mit der Maschine auf der Rückseite des Quilts fest und ziehe ihn dann nach vorne. Weil ich mit der Hand quilte, paßt der per Hand angenähte Streifen besser zum Aussehen des Quilts.
- Um kleine Fältchen zu verhindern, nähe ich den Einfaßstreifen nur am Quilttop mit der Maschine fest. Auf der Rückseite nähe ich den Streifen mit der Hand an und quilte dann zusätzlich noch einmal rundherum.
- Den Einfaßstreifen nähe ich mit einer kleineren Stichlänge als üblich fest. Die Stoffülle verteilt sich dann gleichmäßiger.

Gerade Einfaßstreifen

- Schrägstreifen an gerade Seiten zu nähen, halte ich für Stoffverschwendung. Mit Einfaßstreifen im Längsfadenlauf geschnitten, wellt sich der Quilt auch weniger. Besonders Wandbehänge behalten so besser die Form. Schrägstreifen verwende ich nur für kurvige Seiten.

Schrägstreifen

- Ich verwende immer doppelt genommenen Schrägstreifen. Man kann ihn leicht um Kurven und Ecken ziehen.
- Ich stecke den Schrägstreifen ganz exakt fest und verwende ihn für alle Quilts mit geschwungenem Rand.
- Ich stärke meinen Schrägstreifen und achte ganz besonders darauf, ihn während des Nähens nicht zu ziehen. Den Streifen schneide ich ca. 9 cm breit und falte ihn zur Hälfte.
  Doppelt genommener Schrägstreifen hält besser! Wenn ich den Schrägstreifen nach hinten ziehe, stopfe ich das Ganze zusätzlich mit etwas Vlies aus. Die Einfassung erhält dann ein hübsches, abgerundetes Aussehen.

Roman Stripe (Römische Streifen) • *Datiert 1906 • Wolle • 81 x 62 inch • Holmes Co., Ohio • The Darwin D. Bearley Collection • Dieser Quilter hatte offensichtlich zuwenig Stoff für die Randsteifen eingeplant. Die Lösung des Problems war einfach: Es wurde ein Stück schwarzer Stoff hinzugefügt - und alles stimmte wieder!*

Wie faßt man Kurven ein?

- Ich zeichne mir die Kurven vor und nähe den Einfaßstreifen nach der gezeichneten Linie an. Danach schneide ich alles auf die Breite der Nahtzugabe zurecht.
- Ich nähe ganz langsam und verkürze die Stichlänge, wenn es kritisch wird.
- Ein schmaler Einfaßstreifen ist für Kurven am besten.
- Erst wird der Einfaßstreifen angeheftet, und dann nähe ich ihn fest. Das ist zwar sicher zeitaufwendiger, aber meine Wutausbrüche haben sich deutlich reduziert.
- Ich ziehe den Schrägstreifen um die Kurve und mache die Stiche auf der Innenseite der Kurve dichter aneinander als auf der Außenseite.

Wie kommt man um die Ecke?

- Ich nähe zuerst oben und unten einen Einfaßstreifen an meinen Quilt und begradige die Seiten. Dann nähe ich rechts und links die Einfassung an und lasse sie an jeder Seite etwa 3 cm überstehen. Ich falte den überstehenden Teil dann um die Ecke und nähe den Streifen mit der Hand an.
- Auf der einen Seite lege ich den horizontalen über den vertikalen Streifen, auf der anderen Seite den vertikalen über den horizontalen. Die Ecken sehen dann „eckiger“ aus!
- Ich nähe den Einfaßstreifen pro Seite an und nicht als fortlaufenden Streifen rundherum.

Briefecken

- Ich nähe den Streifen mit einer Nahtzugabe von 0,75 cm an. Ich stoppe 0,75 cm von der Ecke entfernt, mache ein paar Rückstiche und schneide den Faden ab. Dann falte ich den Streifen im 45-Grad-Winkel nach oben und anschließend wieder nach unten, parallel zur nächsten Seite. An der Stelle, wo ich aufgehört habe zu nähen, fange ich wieder an. Wenn ich die Einfassung nach hinten falte, habe ich auf Vorder- und Rückseite eine perfekte Briefecke.
- Ich arbeite mit einem Trick: An zwei gegenüberliegenden Seiten des Quilts nähe ich den Einfaßstreifen auf Vorder- und Rückseite fest. Auf den verbleibenden Seiten nähe ich die Streifen bis zu den bereits angenähten fest. Die Enden des Streifens falte ich zur Briefecke und nähe sie mit der Hand fest. Das Endergebnis kann sich sehen lassen!

Crosses and Losses *(Kreuze und Verluste) • Ca. 1900 - 1910 • Baumwolle • 64 x 82 Inch • Ohio • Privatbesitz William B. Wigton • Blöcke in leuchtenden Farben werden von der inneren Borte farblich zusammengehalten. Der in sich kontrastreiche Quilt wirkt dadurch etwas ruhiger.*

Noch ein paar Tips zum Einfassen

- Wenn ich wenig Einfaßstreifen habe, runde ich die Ecken des Quilts ab. Ich brauche weniger Stoff - meistens reicht es dann!
- Beim Annähen des Streifens arbeite ich mit einer Nahtzugabe von mindestens 1,5 cm. Der Streifen hält dann bombensicher!
- Stoffe, die viel Gold und Glitzer enthalten, sind nicht ideal für Randstreifen und Einfassung. Möglicherweise habe auch nur ich damit Probleme - aber diese Stoffe sind definitiv schwerer und steifer.
- Nachdem ich normalerweise an mehr als einem Quilt zur gleichen Zeit arbeite, schneide ich den Randstreifen immer 5-7 cm breiter zu. Auf diese Weise habe ich immer genügend Stoff für einen Einfaßstreifen im selben Stoff, sogar wenn es zwei Jahre dauert, bis der Quilt fertig ist. Wenn ich soweit bin, schneide ich die 5-7 cm rundherum einfach ab und kann daraus meinen Einfaßstreifen machen.

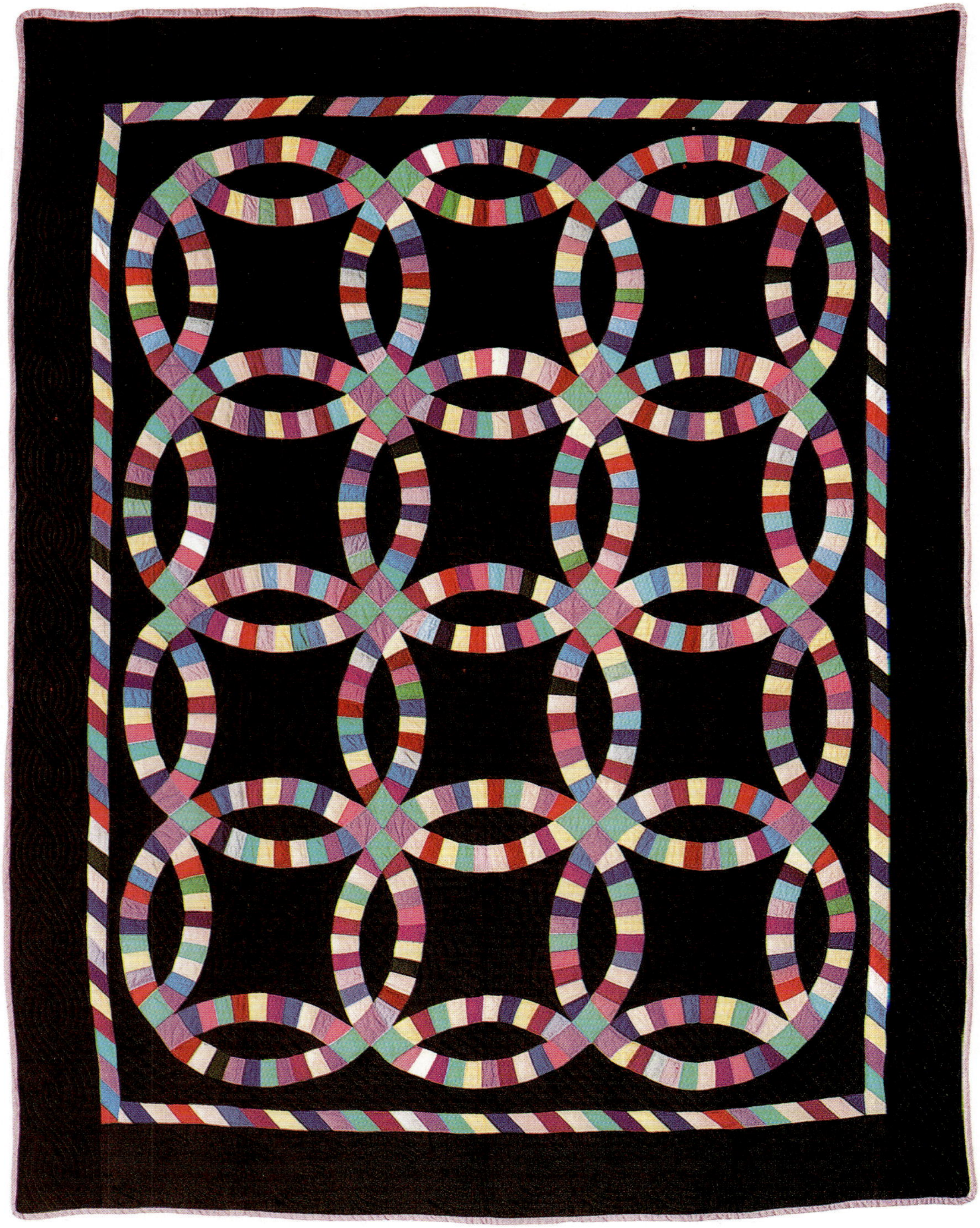

Signieren von Quilts

mit Stiften

- Ich sprühe Bügelstärke auf ein Musselinquadrat und bügle es auf plastikbeschichtetes Papier. Mit einem Lineal zeichne ich mir Schreiblinien auf das Papier - man kann sie gut durch den Stoff sehen. Ich schreibe manchmal ein kleines Gedicht, eine lustige Bemerkung - je nach Stimmungslage. In jedem Falle vermerke ich aber meinen Namen, das Datum und den Namen des Quilts. Dann bügle ich noch einmal mit einem heißen Bügeleisen über das Quadrat, damit die Schrift fixiert wird. Anschließend wird das Etikett auf die Rückseite appliziert.
- Ich schreibe mit Wäschetinte auf den Stoff. Bei einem hellen Quilt sticke ich die Informationen lieber - nicht, daß die Tinte durch den Stoff geht!
- Ich signiere meine Quilts mit ganz dünnem Filzstift auf der Vorderseite in der unteren rechten Ecke. Auf der Rückseite appliziere ich ein Stoffquadrat, auf das ich alle weiteren Informationen schreibe.

Gestickt und gequiltet

- Ich sticke alle Informationen mit einfädigem Sticktwist und winzigen Rückstichen.
- Bei großen Quilts sticke ich meinen Namen und das Datum entweder in Rückstichen oder mit Kreuzstichen. Dann nehme ich ein Stück Musselin, spanne es in die Schreibmaschine und schreibe den Namen des Musters, meinen Namen, Addresse und das Fertigstellungsdatum. Das Musselinstück appliziere ich dann über meinen gestickten Namen.
- Wenn ich mein Quiltmuster markiere, markiere ich gleichzeitig meine Initialen und das Datum in eine Ecke des Quilts. Diese Information wird zusammen mit dem Quiltmuster gequiltet.

Double Wedding Ring *(Doppelter Ehering) • Datiert 1952 • Baumwolle • 73 x 93 Inch • Holmes Co., Ohio • Judi Boisson Antique American Quilts, New York • Leuchtende Farben heben sich lebhaft vom schwarzen Hintergrund ab. Aneinandergenähte Rauten bilden den inneren Rand. Das Zentrum der Ringe ist im Spinnennetz-Muster gequiltet. Obwohl dieser Quilt erst in späteren Jahren entstand, folgt er in seiner Farbwahl doch dem Beispiel früherer Quilts mit diesem Muster.*

Stars and Blocks *(Sterne und Blöcke) • Späte zwanziger Jahre • Baumwolle • 72 x 85 Inch • Holmes Co., Ohio • Sammlung Catherine H. Anthony*

Ganz moderne Methoden

- Ich drucke meine Label auf dem Computer aus. Dafür bügle ich Musselin auf plastikbeschichtetes Papier und drucke direkt auf den Musselin. Dann bügle ich den Musselin, um die Tinte zu fixieren, und appliziere ihn auf die Rückseite des Quilts.
- Meine Nähmaschine hat ein Stickprogramm, also lasse ich sie meine Labels sticken! Ich habe angefangen, auch die Rückseite des Quilts aus Blöcken, Streifen usw. zu nähen. Ein Block der Rückseite ist immer in sehr hellen Farben gehalten und dient damit als eingebautes Etikett!
- Die Rückseite meiner Quilts ist passend zur Vorderseite genäht. Wenn ich die Rückseite nähe, baue ich immer einen hellen Streifen ein, auf den ich entweder mit der Maschine gestickt oder mit Filzschreiber geschrieben habe. Ich vermerke immer meinen Namen und/oder den anderer, wenn es ein Gruppenprojekt war, meine Adresse, den Titel des Quilts und das Fertigstellungsdatum. Wenn der Quilt für den Verkauf oder eine Quiltshow bestimmt ist, gebe ich zusätzlich Informationen über Stoffe und Vlies sowie Pflegetips.

Aufbewahren von Quilts

Während man noch daran arbeitet

- Ich falte meine Quilts und stecke sie in Plastikbeutel, solange sie noch in Arbeit sind. Die Beutel dürfen aber nicht luftdicht verschlossen sein, die Quilts müssen noch atmen können.
- Die Stoffe, die ich für einen geplanten Quilt ausgesucht habe, bewahre ich in Plastikbeuteln auf, getrennt von den übrigen Stoffen.
- Den Quilt, an dem ich gerade arbeite, versuche ich immer über ein Geländer zu hängen. Ich habe die Fortschritte immer vor Augen und kann sehen, wie sich die Farben mit dem Licht ändern! Daran freue ich mich immer. Ich vergleiche es mit dem Wachsen von Kindern.
- Ich lege „Quilts in Arbeit" über einen Wäscheständer.
- Alle Projekte, an denen ich gerade arbeite, habe ich in einem Rollwagen. Dieser Wagen hat mehrere untereinanderhängende Körbe. Sie bieten genügend Platz für Stoff, Blöcke usw. Was ich da nicht mehr unterbringe, verstaue ich in Pappkartons.

Wenn Sie fertig sind

- Ich besorge mir aus Stoffgeschäften lange Papprollen und rolle meine Quilts darum.
- Ich rolle meine Quilts in alte Bettlaken, Handtücher und ähnliches, um Knicke zu vermeiden. Diese Rollen kommen dann in einen großen Schrank, den ich mit Handtüchern ausgelegt habe.
- Ich verwende auch lange Papprollen und stecke den gerollten Quilt in einen Kleidersack. Bei Quilts mit Verzierungen lege ich ein Stück Seidenpapier auf das Top und rolle ihn dann auf.
- Ich bewahre Quilts in Stoffbeuteln auf, damit der Stoff atmen kann. Ich falte die Quilts der Länge nach, rolle sie dann auf und stecke sie in den Stoffbeutel. Ich stelle sie aufrecht und lege sie nicht flach hin, damit sie keine Falten bekommen.
- Große Quilts hänge ich mit der Rückseite nach außen auf eine Wäscheleine, die ich in meinem Arbeitsraum gespannt habe.
- Ich falte Quilts in Drittel und rolle sie dann zusammen. Diese Methode ist besser als in die Hälfte falten und dann vierteln. Bei der Drittel-Methode hat man jedenfalls keinen Knick in der Mitte des Quilts.

Wenn Sie fertig sind

- Wenn ihnen Ihre Reinigung große Kleiderbügel von Vorhängen zur Verfügung stellt, ist das ideal, um Quilts aufzuhängen.
- Ich stecke meine Quilts (fertige und unfertige) *nie* in eine Mülltüte aus Plastik. Möglicherweise schmeißt sie jemand versehentlich weg, weil er denkt, es sind nur Stoffreste. Ich bewahre meine Quilts in brandneuen Kopfkissenbezügen auf. Manchmal nähe ich auch aus den Stoffresten passende Bezüge für meine Quilts. Säurefreies Seidenpapier ist ein guter Schutz für kleine Quilts.
- Immer im Herbst hänge ich alle meine Quilts auf eine Wäscheleine. Ich suche mir einen Tag aus, an dem es nicht zu sonnig ist und der Wind sanft bläst.

Welche Flecken entfernt man wie?

Blut

- Jeder hat in seinem Speichel ein Enzym, das die Proteine im eigenen Blut neutralisiert. Befeuchten Sie ein Wattestäbchen mit Ihrem Speichel und reiben Sie vorsichtig über den Blutfleck.
- Ich entferne Blut mit einer Paste aus Salz und Wasser.
- Wenn ich quilte und Blut auf den Quilt kommt, feuchte ich ein Stück Vlies mit meinem Speichel an. Das lege ich dann auf den Blutfleck, lasse es trocknen - und der Fleck ist weg!
- Ich habe gute Erfahrungen mit Eiswürfeln gemacht - auch wenn der Fleck nicht mehr ganz frisch war.

Fett

- Ich verwende Shampoo gegen fettiges Haar.
- Baking Soda entfernt Fettflecken hervorragend und beschädigt den Stoff nicht. Man muß es nur vorsichtig einreiben und mit einem Tischstaubsauger wieder absaugen.

Sonstige Flecken

- Rostflecken feuchte ich mit etwas Zitronensaft an und halte den Bereich über Dampf.
- Gallseife entfernt fast alle Flecken. Aber Vorsicht - erst an einem Stoffrest ausprobieren!
- Ich quilte in der Gegend des Fleckes ganz schrecklich viel, und hoffe, daß der Fleck nicht mehr zu sehen ist.
- Ich verwende keine Chemikalien. Entweder nehme ich Kernseife, Salz oder Zitronensaft. Damit und mit etwas destilliertem Wasser betupfe ich den Fleck.
- Rückstände von Klebeband entferne ich mit Waschbenzin.
- Für Bleistiftlinien habe ich eine tolle Formel: drei Teile Alkohol, ein Teil Wasser und ein paar Tropfen Geschirrspülmittel. Schütteln Sie das Ganze gut und tragen Sie es mit einer weichen Zahnbürste auf.
- Tintenflecken habe ich mit Zahnpasta erfolgreich bekämpft.
- Flecken auf antiken Quilts konnte ich mit Baby-Shampoo gut entfernen.

Railroad Crossing *(Andreaskreuz) • Ca. 1920 • Baumwolle • 65 x 89 Inch • Holmes Co., Ohio • Judi Boisson, Antique American Quilts, New York City • Dieser Quilt ist eine relativ einfache Wiedergabe des Musters Railroad Crossing. Die Musterblöcke sind in größerem Maßstab gearbeitet als sonst üblich. Die ungewöhnliche Zusammenstellung von Blau, Braun und Rot macht diesen Quilt ästhetisch anziehend.*

Sonstige Flecken

- Manchmal kann man ein kleines Appliziermotiv über den Fleck legen, ohne das Muster zu zerstören. Der Hund einer Freundin hat einmal einen Quilt „angekaut", und sie applizierte eine Blume über diese Stelle. Es sieht toll aus - und nur sie, ich und der Hund wissen, daß es nicht so geplant war. Knöpfe, kleine Rosetten oder Yo-Yos erfüllen den gleichen Zweck. Denn es kommt ja nur auf die Größe des Flecks und den Stil des Quilts an!

Tips, die zwar unüblich sind, aber durchaus wirksam sein können

- Wenn ich mal absolut keine Zeit habe, Stoffe vorzuwaschen, nehme ich sie ganz einfach mit unter die Dusche! Anschließend kommen sie in den Trockner, und der Fall ist erledigt.
- Die Rundung einer 45iger Schallplatte ist ausgezeichnet als Schablone für Muster wie Drunkard's Path oder ähnliches zu verwenden. Man sollte allerdings den Besitzer der Schallplatte über den neuen Verwendungszweck informieren!
- Eine Möglichkeit, die vielen von uns nicht mehr offen ist - wenn Sie Probleme mit dem Vergrößern oder Verkleinern von Mustern haben: Heiraten Sie doch einen Ingenieur. Die haben die Sache mit den technischen Zeichnungen schließlich gelernt! Ein technisch begabter Freund kann aber auch in die Bresche springen.
- Wenn ich Garn kaufe, lege ich es in einem Gefrierbeutel in den Gefrierschrank. Das Garn bleibt im wahrsten Sinne des Wortes frisch.
- Wenn Sie ein guter Kunde der örtlichen Pizzeria sind: Ich bewahre meine Blöcke in großen, sauberen Pizzaschachteln auf. Sie sind gerade groß genug, um einen Block flach hineinlegen zu können.
- Wenn ich Quilts verschicke, schreibe ich das Wort „Quilt" nie auf das Paket. Ich schreibe nur den Buchstaben „Q" als Zusatz irgendwo in das Adressenfeld. Bei Quilts, die ich zu einer Show schicke, lege ich immer einen adressierten und frankierten Umschlag bei. Wenn der Quilt angekommen ist, bekomme ich den Umschlag und bin beruhigt.
- Eine Spülung mit Zitronensaft und Wasser ist eine wundervolle altmodische Methode, einen vergilbten, angegrauten oder schmuddeligen Quilt wieder sauber zu bekommen. Lassen Sie ihn dann im Garten an einem schattigen Platz trocknen.
- Wenn ich eine Quiltshow besuche, fange ich immer auf der linken Seite an. Die meisten Leute starten rechts.

Titel der amerikanischen Originalausgabe: "Tips for Quilters. A Handbook of Hints, Shortcuts, and Practical Suggestions from Experienced Quilters."

Copyright © 1993 by Good Books, Intercourse, Pennsylvania 17534, USA. All rights reserved

© der deutschen Ausgabe 1996 by Rosenheimer Verlagshaus GmbH & Co. KG, Rosenheim

Die Abbildungen, einschließlich des Umschlagsbildes, wurden mit freundlicher Genehmigung von Good Books, Intercourse, Pennsylvania 17534, USA, entnommen aus den Büchern „A Treasury of Amish Quilts“ sowie „The World of Amish Quilts“, beide von Rachel und Kenneth Pellman.

Übersetzung aus dem Amerikanischen: Susanne Mollien, Mömbris

Redaktion: Christa Weber, Bonn

Satz: typografica, Rosenheim

Lithographie: Simon Print Medienservice, Rosenheim

Druck und Bindung: Ludwig Auer, Donauwörth

ISBN 3-475-52841-X